总顾问　戴琼海
总主编　陈俊龙

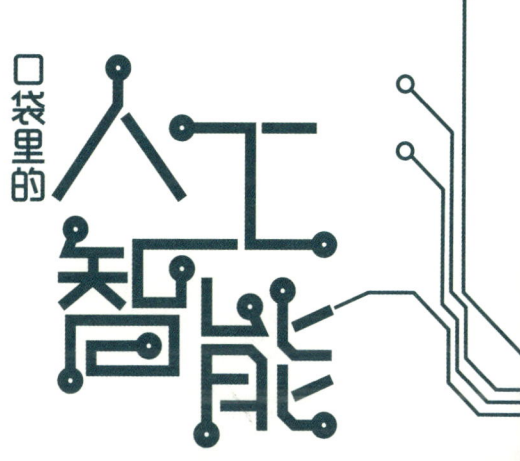

刘　伟 ◎ 主编

广东科技出版社
全国优秀出版社
·广州·

图书在版编目（CIP）数据

智慧城轨 / 刘伟主编. —广州：广东科技出版社，2023.6
（口袋里的人工智能）
ISBN 978-7-5359-8072-4

Ⅰ. ①智… Ⅱ. ①刘… Ⅲ. ①人工智能—应用—城市铁路—轨道交通 Ⅳ. ①U239.5

中国国家版本馆CIP数据核字（2023）第072436号

智慧城轨
Zhihui Chenggui

出 版 人：严奉强
选题策划：严奉强　谢志远　刘　耕
项目统筹：刘晋君
责任编辑：刘　耕　彭逸伦
封面设计：飛鳥魚設計 FLYING BIRD & FISH DESIGN
插　　图：徐晓琪
责任校对：李云柯　廖婷婷
责任印制：彭海波
出版发行：广东科技出版社
　　　　　（广州市环市东路水荫路11号　邮政编码：510075）
销售热线：020-37607413
https://www.gdstp.com.cn
E-mail：gdkjbw@nfcb.com.cn
经　　销：广东新华发行集团股份有限公司
排　　版：创溢文化
印　　刷：广州市岭美文化科技有限公司
　　　　　（广州市荔湾区花地大道南海南工商贸易区A幢　邮编：510385）
规　　格：889 mm×1 194 mm　1/32　印张4.5　字数100千
版　　次：2023年6月第1版
　　　　　2023年6月第1次印刷
定　　价：36.80元

如发现因装质量问题影响阅读，请与广东科技出版社印制室联系调换（电话：020-37607272）。

本丛书承

广州市科学技术局
广州市科技进步基金会

联合资助

"口袋里的人工智能"丛书编委会

总顾问 戴琼海

主　任 陈俊龙　王桂林

副主任 弓鸿午　吴汉荣　严奉强

委　员（按姓氏笔画顺序排列）

马　晶　王　蕾　车文荃　史颖欢　刘　伟　杜　卿　李姝萌
沈文浩　张　通　张小川　罗子章　郭继舜　谭明奎

丛书总主编　陈俊龙

执行总主编　车文荃

《智慧城轨》

主　编 刘　伟

副主编 何华强　贾建平

编　委（按姓氏笔画顺序排列）

王玥邈　刘建委　严　波　肖　雄　肖中卿　张少文　陈朝晖
周志文　周桔红　赵　驰　秦　伟　韩　星

序 言

技术日新月异,人类生活方式正在快速转变,这一切给人类历史带来了一系列不可思议的奇点。我们曾经熟悉的一切,都开始变得陌生。

——[美]约翰·冯·诺依曼

"科技辉煌,若出其中。智能灿烂,若出其里。"无论是与世界顶尖围棋高手对弈的AlphaGo,还是发展得如火如荼的无人驾驶汽车,甚至是融入日常生活的智能家居,这些都标志着智能化时代的到来。在大数据、云计算、边缘计算及移动互联网等技术的加持下,人工智能技术凭借其广泛的应用场景,不断改变着人们的工作和生活方式。人工智能不仅是引领未来发展的战略性技术,更是推动新一轮科技发展和产业变革的动力。

人工智能具有溢出带动性很强的"头雁"效应,赋能百业发展,在世界科技领域具有重要的战略性地位。《中华人民共和国国民经济和社会发展第十四个五年规划和2035年远景目标纲要》提出,要推动人工智能同各产业深度融合。得益于在移动互联网、大数据、云计算等领域的技术积累,我国人工智能领域的发展已经走过技术理论积累和工具平台构建的发力储备期,目前已然进入产业

赋能阶段，在机器视觉及自然语言处理领域达到世界先进水平，在智能驾驶及生物化学交叉领域产生了良好的效益。为落实《新一代人工智能发展规划》，2022年7月，科技部等六部门联合印发了《关于加快场景创新以人工智能高水平应用促进经济高质量发展的指导意见》，提出围绕高端高效智能经济培育、安全便捷智能社会建设、高水平科研活动、国家重大活动和重大工程打造重大场景，场景创新将进一步推动人工智能赋能百业的提质增效，也将给人民生活带来更为深入、便捷的场景变换体验。面对人工智能的快速发展，做好人工智能的科普工作是每一个人工智能从业者的责任。契合国家对新时代科普工作的新要求，大力构建社会化科普发展格局，为大众普及人工智能知识势在必行。

在此背景之下，广东科技出版社牵头组织了"口袋里的人工智能"系列丛书的编撰出版工作，邀请华南理工大学计算机科学与工程学院院长、欧洲科学院院士、欧洲科学与艺术院院士陈俊龙教授担任总主编，以打造"让更多人认识人工智能的科普丛书"为目标，聚焦人工智能场景应用的诸多领域，不仅涵盖了机器视觉、自然语言处理、计算机博弈等内容，还关注了当下与人工智能结合紧密的智能驾驶、化学与生物、智慧城轨、医疗健康等领域的热点内容。丛书包含《千方百智》《智能驾驶》《机器视觉》《AI化学与生物》《自然语言处理》《AI与医疗健康》《智慧城轨》《计算机博弈》8个分册，从科普的角度，通俗、简洁、全面地介绍人工智能的关键内容，准确把握行业痛点及发展趋势，分析行业融合人工智能的优势与挑战，不仅为大众了解人工智能知识提供便捷，也为相关行业的从业人员提供参考。同时，丛书可以提升当代青少年对科技的兴趣，引领更多青少年将来投身科研领域，从而勇敢面对充满未知与挑战的未来，拥抱变革、大胆创新，这些都体现了编写团队和广东科技出版社的社会责任、使命和担当。

这套丛书不仅展现了人工智能对社会发展和人民生活的正面作用，也对人工智能带来的伦理问题做出了探讨。技术的发展进步终究要以人为本，不应缺少面向人工智能社会应用的伦理考量，要设置必需的"安全阀"，以确保技术和应用的健康发展，智能社会的和谐幸福。

科技千帆过，智能万木春。人工智能的大幕已经徐徐展开，新的科技时代已经来临。正如前文冯·诺依曼的那句话，未来将不断地变化，让我们一起努力创造新的未来，一起期待新的明天。

戴琼海

（中国工程院院士）

2023年3月

目录

第一章 城轨加速走向智慧化 001

一、智慧城轨的前世今生 003
（一）城轨的发展历程 003
（二）初识智慧城轨 006
（三）国内外智慧城轨的发展 009

二、新基建下的智慧城轨 010
（一）从"运力"迈向"算力" 012
（二）从高耗能到绿色节能 013
（三）从传统产业向数字化转型 014

第二章 为城轨装上智慧"大脑" 017

一、城轨"大脑"是什么 018
（一）AI是城轨"大脑"的数字底座 019
（二）城轨"大脑"向AI全覆盖演进 021
（三）AI是城轨"大脑"的核心技术 024

二、城轨"大脑"动起来　027
　　（一）城轨"大脑"运行的基础条件　027
　　（二）城轨"大脑"的运行安全　028
　　（三）城轨"大脑"劳逸结合　029

三、让城轨"大脑"拥有记忆　031
　　（一）城轨"大脑"的记忆　031
　　（二）城轨"大脑"的核心能力　032

四、让城轨"大脑"学会思考　034
　　（一）大数据+大算力+强算法　034
　　（二）AI语音与乘客对话　036
　　（三）AI视觉识别乘客身份　036
　　（四）AI与看图说话　037
　　（五）AI监测与业务自主分析　037
　　（六）AI决策评估城轨健康状态　038

五、城轨"大脑"开始成长　039
　　（一）城轨"大脑"的自主进化　039
　　（二）AI客服人机对话　040
　　（三）AI算法为城轨省电　041
　　（四）AI为城轨"把脉"　042
　　（五）AI预测客流　043

第三章　智能连接重塑城轨的"神经网络"　047

一、泛在连接重塑城轨"神经网络"　048
　　（一）5G与智慧城轨　048

（二）Wi-Fi6与智慧城轨　051

（三）当列车开始相互对话　052

（四）IoT让智慧城轨万物互联　053

（五）地理信息系统与城轨融合的多场景应用　053

二、数据是城轨的"知识"　055

（一）流处理技术提升数据时效性　055

（二）数据治理提升价值密度　056

（三）智能分析结果反哺城轨运营　057

第四章　神通广大的城轨智能交互　061

一、城轨的实时感知与交互　062

（一）城轨慧眼识人　062

（二）城轨智能对话　063

（三）行走中的客服机器人　066

（四）不一样的AI巡检员　068

二、云边端协同融合城轨"身体"与"大脑"　073

（一）云边端业务协同　073

（二）边缘智能技术在车站中的应用　075

第五章　智慧城轨全场景应用　081

一、精准便捷的乘客服务　082

（一）智慧票务　082

（二）无感乘车　087

（三）智能导引　089

（四）智能客服　090

　　（五）智慧导航　092

　　（六）智慧招援　093

　　（七）智慧便民　094

二、全面高效的智能安防　095

　　（一）智慧安检　095

　　（二）智能安防　097

　　（三）智慧应急　100

三、智能高效的运营组织　102

　　（一）智慧客流　102

　　（二）智慧调度　106

　　（三）智慧列车　108

　　（四）智慧车站　110

四、数据驱动的智能运维　119

　　（一）昂贵的城轨运维　119

　　（二）智能运维的难点　122

　　（三）AI赋能传统运维　123

　　（四）智能运维的前沿技术　125

五、智能重塑城轨绿色发展　126

　　（一）城轨能耗　126

　　（二）"双碳"目标与绿色城轨　127

　　（三）AI技术助力绿色城轨建设　129

参考文献　132

第一章

城轨加速走向智慧化

2020年4月,国家发展和改革委员会就新型基础设施建设(以下简称新基建)概念首次做出解释,即新基建是以新发展理念为引领,以技术创新为驱动,以信息网络为基础,面向高质量发展需要,提供数字转型、智能升级、融合创新等服务的基础设施体系。此后,国家多次强调新基建的重要性。

具体地说,新基建主要包含5G基站建设、城际高速铁路和城市轨道交通(以下简称城轨)、特高压、新能源汽车充电桩、大数据中心、人工智能、工业互联网7个领域(图1-1)。

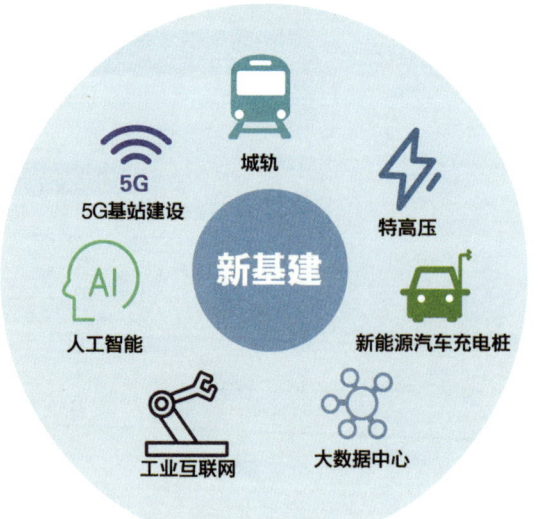

图1-1 新基建涵盖的领域

新基建作为"两新一重"①建设的重要内容和国家战略部署,不仅在拉动投资、稳增长和促消费中发挥着重大作用,也是市场的"强心剂"。从长期来看,新基建对我国经济高质量发展

---

① 两新一重:新型基础设施、新型城镇化,以及交通、水利等重大工程。

将起到不可或缺的作用。想要在未来的博弈中抢占先机，就需要抓住新一轮技术进步的红利，加快打造数字经济时代的关键基础设施，这既是当务之急，又是对经济发展的长远支撑。

城轨作为新基建的重要组成部分，通过技术创新、信息网络、数字化转型和智能化升级，将全面强化数据连接能力，进而成为融合基础设施。

轨道交通体系的内涵是以"服务交通强国战略、支撑高质量发展、引领轨道交通科技进步、满足市民幸福出行"为总体目标，以"服务型、引领型、融合型、持续型"为总体思路，以"数字化、智能化"为技术发展方向，以"安全、可靠、便捷、精准、融合、协同、绿色可持续"为核心特征的轨道交通体系。[1]

由此可见，人工智能技术的应用和大数据中心的构建，是现阶段智慧城轨建设的重要元素。从国家战略层面来看，遵循"推进城轨信息化，发展智能系统，建设智慧城轨"的总体建设主线，不仅契合了新基建的发展规划，也满足了传统轨道交通行业转型升级的需求。

一、智慧城轨的前世今生

（一）城轨的发展历程

在古代，人们沿河而居，水上交通是最早的交通运输方式，如古书记载的"伏羲氏刳木为舟，剡木为楫"，而马牛拉车工具出现以后，人们开始修筑道路。

公元前600年左右，古希腊人在地峡上开凿了一条被称为"Diolkos"的石轨，将船从地峡的一边拉到另一边。有历史学家认为其符合轨道交通的基本特征，相当于人类最早的铁路。

进入19世纪后，蒸汽机成为工业生产的动力来源，推动着航运、陆运的发展，最终促成了以铁路为代表的交通运输业的繁荣。

19世纪中期，英国一位叫查尔斯·皮尔逊（Charles Pearson）的律师发现，伦敦拥堵的交通经常导致事故发生，他提议在市内设一个以隧道连接的中央火车站，以便工人通勤到更远的地方。这项提案被否决后，他又提议建设地下铁路，经论证后被政府采纳，因此而建成的伦敦大都会铁路（Metropolitan Railway）是世界上第一条地下铁路（图1-2），这条铁路也标志着世界城市轨道交通的诞生。自此，伦敦地铁的建设和伦敦的发展开始突飞猛进。直至今天，很多城市轨道系统仍被称为"metro"。

图1-2　伦敦大都会铁路

放眼世界，城轨的发展是在曲折中前进的，大致经历了如下几个阶段：

初步发展阶段（1863—1924年）。在这一阶段，欧洲的城轨发展较快，美国、日本和中国的有轨电车也有了很大的发展，但缺点明显，例如运行速度慢、正点率低、噪声大、舒适度差。

停滞萎缩阶段（1924—1949年）。二战结束后，欧洲经济迅速恢复和发展。20世纪50年代初，出现了汽车普及的高潮，从而迎来了汽车工业的大发展，却间接导致了城轨建设的停滞和萎缩。

再发展阶段（1949—1969年）。汽车数量暴增，不仅造成城市交通的堵塞，空气污染、噪声等问题也日益突出，这使得轨道交通建设再次得到了人们的重视。

高速发展阶段（1970年至今）。随着城镇人口不断增加，世界各国城市化率持续增高，城市发展对劳动力、资金和技术形成了显著的"虹吸"效应，这也导致城市人口密度增大，从客观上要求扩充轨道交通运量，以适应日益增长的客运需求。借着各项技术的发展，轨道交通开始了飞速的升级。

中国的第一条城轨线路是北京地铁1号线（图1-3），第一期工程在1953年提出设想，1969年最终建成，1971年1月15日正式开通运营。北京地铁1号线从建设到通车用了将近20年，周期漫长是由于国际形势、技术储备、人才条件等多重因素的影响。

21世纪以来，中国作为世界上经济增长较快的国家之一，城镇人口比例上升趋势明显，城轨建设也得到了突飞猛进的发展。

图1-3 北京地铁1号线

据交通运输部数据显示,截至2022年12月底,我国31个省(自治区、直辖市)和新疆生产建设兵团共有53个城市开通运营城市轨道交通线路290条,运营里程共9 584 km,运营车站5 609座,已发展成为世界上城市轨道交通运营里程最长的国家。

如今,城市轨道交通制式种类众多,包含地铁、轻轨、单轨、现代有轨电车、磁悬浮轨道系统、自动导向轨道系统和市域快速轨道系统等。由于其具有快捷、安全、运能大、节能、准点、舒适,且绿色环保等特点,符合可持续发展的原则,因此轨道交通成为当前我国城市公共交通的骨干,具有良好的经济效益和社会效益。

(二)初识智慧城轨

近年来,智慧城轨概念的提出和建设,将城轨的发展引向了新的征程。今天,我们在乘坐地铁时,从穿行安检机,机器自动测温、检查包裹,到刷脸进站,再到候车时的智能导引等,这一路通畅的良好体验,我们在不知不觉中已经享受了智慧城轨带来的服务。

什么是智慧城轨呢?城轨的属性是一种大容量的公共交通工具,智慧城轨的本质是以新兴信息技术对城轨交通各系统和各类服务的集成。它具备人的决策、学习、创新和交互能力,借助新思想、新理念和新技术,如人工智能、云计算、大数据、物联网、5G、卫星通信、区块链等,在数据驱动下重塑人、列车、设施设备和管理系统之间的相互关系(图1-4)。

图1-4 新一代信息技术催生智慧城轨的诞生

随着客流的不断增大,如今的城轨也面临着安全、服务品质、设施运力调配等挑战,需要在管理和技术支撑手段上做出改进,最终的目标是将人从城轨运行系统中解放出来,实现从"人适应城轨"向"城轨适应人",从"生产范式"向"服务范式",从"被动服务"向"智能服务"的转变。

对比传统城轨,智慧城轨具备如下特征:

1. 全面感知

城轨是个复杂巨系统,时刻处在变化中,必须实时地掌握物理层面上整个系统的演进与精细变化。因此,全面感知是城轨智慧化的必要前提,通过利用大量传感设备和智能终端,实现对系统状态的实时感知;借助大数据、云计算和人工智能等技术,实现对数据和信息的实时、集中、准确的分析与判断,进而智能下发所做决策;系统得到决策指令后自动调整运行状态,实现系统的自主组织与判断,这体现了智慧城轨的技术性特征。

2. 深度互联

城轨系统涉及数十个运营子系统,要保证城轨的可靠运行,离不开这些子系统间良好的互通与协同。针对智慧城轨系统运行所产生的繁杂数据,城轨云平台通过对人工智能、大数据等多种技术的整合,以及对城轨各子系统的业务数据进行融合,形成跨设备、跨系统的互联互通平台,从而推动整个体系的智能化。

3. 持续进化

智慧城轨通过沉淀与迭代,不断获取来自乘客、企业、政府、环境等多元主体的内在需求信息,并持续融入新技术,整合原有业务功能,实现自主创新和进化,以便更加人性化地提供服务,这体现了智慧城轨的动态性特征。

4. 高效协同

城轨具备大容量交通和公共交通的双重属性,乘客与列车、设备、其他乘客、工作人员等均有交互关系。同时,乘客还可能需要与其他交通方式接驳。智慧城轨针对乘客出行面临的问题,强调各业务系统间的资源整合与高效协作,以便保障乘客出行全程的良好体验,这体现了智慧城轨的本质特征——高效协同。

(三)国内外智慧城轨的发展

1. 国外智慧城轨的发展

近年来,新兴技术也开始影响城轨行业,世界各国城轨运营公司都从数字技术中获益匪浅,逐渐形成了各具特色的智慧城轨体系。

2018年,美国洛杉矶大都会交通管理局提出"Metro Vision 2028"计划,以全方位提高居民生活质量为主旨,结合互联网发展提高运输网络和设备的质量,并采取数字化方式实现对整个网络需求的智能管理。

早在2014年6月,欧盟就成立了欧洲轨道交通研究联盟机构Shift2Rail,该机构的使命是为欧洲的城轨提供数字化能力,打造以乘客为中心、更加可持续的欧洲城轨运输模式。通过技术革新与系统研发,把现有系统集成到现代数字化架构中,实现欧盟轨道交通的信息化与智慧化。

2. 国内智慧城轨发展

在过去40年中,我国逐步建立起完备的城轨交通体系,随着国内智慧城市的建设,智慧城轨的建设成果也颇受瞩目。相比其他国家,数字技术是我国的后发优势,助力城轨实现更高的技术创新和更快的产业升级,尤其是助力城轨在网络通信、自动控制、人工智能应用等方面走在世界前列。

2019年9月9日,广州地铁21号线天河智慧城示范站正式落成,这座全球首个AI智慧车站集合了未来感与科技感,为市民带来良好的出行体验。

2021年9月28日,广州地铁18号线通车运营,作为广州首条支持人脸识别过闸乘车的线路,实现了单通道每分钟无感通行进站30人,过闸效率显著提升。

2022年6月28日,长沙地铁6号线正式开通,该线路推动了地铁线路运营可视化、分析预测科学化、应急响应智能化、能力拓展平台化、业务升级持续化,体现了智慧城轨出行的新范式,开创了长沙乃至国内轨道交通合作模式及先进技术应用的先河。

二、新基建下的智慧城轨

对新基建的规划部署,我国谋篇布局已久。

2018年12月,中央经济工作会议首次明确新基建的概念:加快5G商用步伐,加强人工智能、工业互联网、物联网等新型基础设施建设。2020年3月,习近平总书记在浙江考察时强调,要抓住产业数字化、数字产业化赋予的机遇,加快5G网络数据中心等新型基础设施建设。

在交通强国建设的过程中,智慧城轨建设将成为重要领域之一[2]。智慧城轨成为从政府到民间都广泛重视的话题,一个非常重要的原因在于，大数据、云计算和人工智能技术的出现，让人们看到了科技创新能够给城轨发展带来巨大的正面推动力。

作为信息化、数字化技术最广泛的应用场景之一，智慧城轨的概念不仅仅限于将技术应用于轨道交通，还包括基于轨道交通全面感知、泛在连接基础上形成的有自我决策能力的生态系统（图1-5）。它不仅是传统城轨的全面数字化，更是城轨在不断以信息技术加持发生了质变后，所形成的一种全新的运行、管理和服务形态。

图1-5　全面感知、泛在连接与智慧城轨

关于城轨的未来，人们有着很多想象。在智慧城轨逐步成为一个会感知、会计算、会进化、会决策的智慧体的过程中，我们正在参与其中，并不断见证想象的实现。

（一）从"运力"迈向"算力"

尽管我国城轨发展迅速、规模巨大，但大部分城轨线路存在运力资源浪费，线路建设与客运需求不匹配，前期规划时缺乏对客运能力的科学分析等问题。

数字化智能时代，城轨转型需要用算力驱动运力，即算力与城轨业务的深度融合，而运力将通过数字化改造得以提升和完全释放。

何谓算力？算力就是对数据进行处理的能力。1946年2月诞生于美国宾夕法尼亚大学的"埃尼阿克"（ENIAC），被称为世界上第一台通用计算机，标志着人类迎来了算力革命。进入21世纪，随着云计算技术的出现，算力再次迎来巨变。人工智能先驱人物约翰·麦卡锡（John McCarthy）认为："有一天，计算可能会被组织成一项公共事业，就像电话系统一样。"算力时代的到来，将会带来一场新的产业革命。算力将提高人们生活的便利程度、降低企业的运营成本，推进全社会朝着智能化的方向不断发展，成为指引人类进步和社会变革的力量。

AI（artificial intelligence，人工智能）的趋势如同浪潮，不断向前。随着数据维度、数据量和算力的几何增加，AI不断在轨道交通规模化中落地，城轨系统已经从局部智慧向整体智慧发展，其发展速度将可能超出我们的想象（图1-6）。

图1-6　AI技术驱动下的智慧城轨具备强大"算力"

（二）从高耗能到绿色节能

随着城轨线网规模的扩大和设施设备数量的增加，运营总能耗和碳排放量呈快速增长趋势，高昂的能耗给运营管理部门带来巨大的压力，节能减碳成为城轨发展的重点之一，相关创新技术的应用正在发挥效用。

在供能方面，绿色能源替代行动正在开展。车站及场段充分利用建筑条件，结合水、地、气源热泵及光伏发电等技术，探索应用双向变流牵引供电系统、专用轨回流系统；工程维修机械和调车机车同样使用清洁的电能作为动力。

在用能方面，强化重点用能产品设备能效管理，例如推进车辆永磁同步牵引系统的应用，重点车站通风空调采用高效节能的直膨式机组、变频技术，直流集中供电智能照明系统等。

在管理方面，构建智能环控节能平台，实现对地铁环境、空调及设备的感知和计算，依托智能预测和全局寻优找到空调系统整体能效最优状态下的运行参数组合。构建基于互联网的智慧能源管理系统，对系统用能状况进行实时监测、统计分析、信息共享、集成优化，实现对用能的集约化、智能化、可视化管理。

（三）从传统产业向数字化转型

当前，传统产业面临数字化变革的拐点，而数字发展也为城轨发展带来了独特机遇。城轨行业的数字化不仅可以提升系统性能和安全保障，还可以提高运营效率和成本效益。作为推动行业数字化转型的重要力量，人工智能技术的应用优势体现在以下几个方面。

1. 保障乘运安全

针对车站安检设备进行智能化升级，通过外接AI设备辅助安检员进行安检机判图，自动精准识别各类违禁物品，大幅提高安检人员排查效率、降低安全风险。

在电梯安全方面，通过AI技术赋能，实现对乘梯安全隐患行为或事故的智能识别和管理；覆盖自动扶梯全场景安全管理辅助，实时监测电梯区域的人流密度，及时发出安全预警。"AI+电梯"的安全模式提升了电梯的运维效率和乘梯安全，为乘客创造更友好、更具人文关怀的乘梯体验。

2. 提高乘车效率

借助AI人脸识别技术，使用刷脸支付进出站，人脸信息与支付形成业务闭环，从而无须验证车票，提高了通行效率，同时也解决了手机信号弱、手机没电、特殊人群无手机等乘车难题，实现科技普惠。刷脸认证乘车，还可防止犯罪分子、恐怖分子乘虚而入，减少公共安全隐患。

建立线网指挥中心，借助大数据、物联网及数据挖掘技术，将地铁各子系统统一管控、统一应急指挥，满足多条线路、多个车站的统一协调与调度，实现多线路之间的互相配合、互联互通，提升城轨线网的安全性、可靠性及服务水平。

3. 优化客流管理

广州地铁采用客流仿真模拟软件建模，模拟计算乘客行为和列车到发情况，能够直观检验地铁站空间布局是否合理，设施设备是否存在隐患，通过测算乘客站立密度和行进速度，了解客流分布，直击站点的薄弱点和问题，据此优化站内布局。

AI视频监控技术可以实时测算客流密度，为客流控制、乘客分析、交通疏导、安全管理等提供翔实的数据，并通过对数据的统计分析确定客流预警的量化标准，制定客流控制启动机制，帮助运营人员做出决策。

4. 提升服务体验

智能客服中心能够通过语音交互，快速解决乘客问题，轻松便捷。借助智能列车乘客服务系统，乘客可以在车门上方、通道上方新增的4K高清屏幕看到换乘路线、车厢拥挤度，了解洗手间、扶梯等位置信息。此外，还能显示列车实时采集的车厢内满载度、温度、湿度、空气质量等信息，提升乘客乘车的舒适度。

第二章
为城轨装上智慧"大脑"

一、城轨"大脑"是什么

人类之所以被称为智慧生物,主因是我们拥有发达的大脑。纵观人工智能的发展史,我们会发现很多寻找智能的灵感都来自于生物学基础上的尝试。比如,构建人工神经网络的本质是编写一种计算机程序,这种程序也是建模工具。计算机用指令来处理信息,这个过程与大脑工作的原理颇为类似。从遗传算法到强化学习,人工神经网络逐渐有了模拟人脑学习、进化的能力。受到生物学启发的人工智能,已经在很多领域得到了应用。无论你认为城轨"大脑"是在模拟神经网络,还是在模拟人类的心智,它们都殊途同归,城轨要实现智慧化,就需要有类似人脑的城轨"大脑",它应该具备类似人脑的感知、认知、分析、决策等功能,还应该具备自主学习、不断进化的能力。

中国城市轨道交通协会发布的《中国城市轨道交通智慧城轨发展纲要》(以下简称《纲要》)显示,我国智慧城轨建设蓝图呈现为"1-8-1-1"的布局结构(图2-1),其中建立一个城轨云与大数据平台则被行业广泛认为是未来发展智慧城轨"大脑"的重要内容。

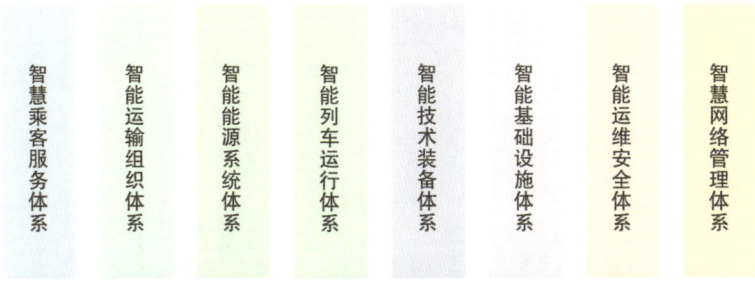

图2-1　智慧城轨建设蓝图

（一）AI是城轨"大脑"的数字底座

通常情况下，轨道交通建设周期很长，新技术发展却日新月异，新技术应用无法在旧系统上完成，就会导致交付"崭新而落后"的系统。另外，同一线路不同业务之间系统分设，令资源无法共享，形成信息孤岛。系统的割裂导致子系统成了一个个独立的存在，被业界形象地称为"烟囱"。

智慧城轨建设正是基于CPS（cyber-physical system，信息物理系统）技术体系和工业互联网，结合当前人工智能、云计算和物联网等先进技术，构建一套基于数据自动流动的状态感知、实时分析、科学决策、精准执行的闭环智能赋能体系（图2-2），并通过自主进化和开放性实现系统的持续进化，从而把城轨运营系统打造成一个智慧体，并通过数字化、网络化、智能化的手段实现智慧化。这个智慧体的智能是多维度的，无法用单一数值去描述。城轨无疑是人工智能应用的黄金场景之一，人工智能让城轨系统拥有更多的能力，使运营更加高效。

图2-2 智慧城轨设计模型

PSCADA-电力监控系统；PIS-乘客信息系统；CCTV-闭路电视视频监控系统；PSD-站台屏蔽门；TAM-通信智能监测系统；BAS-环境与设备监控系统；FAS-火灾自动报警系统；AFC-自动售检票系统；SIG-信号系统；ACS-门禁系统；LTE/IoT-长期演进/物联网；RFID：射频识别；IoT（MQTT）-物联网（消息队列遥测传输）；OPC UA-开放平台通信统一体系结构；TCP/IP-传输控制协议/互联协议；GENA-通用事件通知架构；CIP-通用工业协议；GIS-地理信息系统；BIM/CIM-建筑信息模型/城市信息模型；DevOps-过程、方法与系统；PaaS-平台即服务。

想要实现智慧城轨的建设目标，需要构建基于全息感知的开放、可持续发展的智慧城轨"大脑"，通过强化能力支撑、数据驱动，为搭建端到端的智慧应用提供数字"底座"。在"底座"之上，将乘客、运营管理人员、车站设备等多维度数据打通，打造智慧化、多维化、舒适化的乘客服务系统，提升乘车体验。可以说，人工智能是城轨"大脑"的数字底座，城轨"大脑"则筑基整个轨道交通产业的数字化发展。

智慧城轨的建设是一个长期、持续的过程。城轨"大脑"并不是提供一套单一的城轨业务系统的建设方案，而是基于智慧城轨建设的大背景，提供一套可靠的、通用的、开放的、支持可迭代开发和应用创新的建设框架和基座（图2-3），也就是城轨行业操作系统。[3]

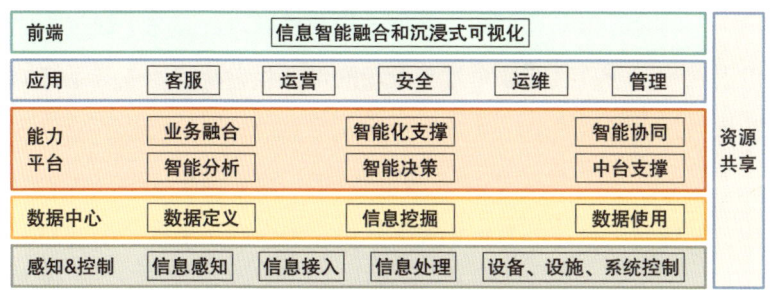

图2-3　智慧城轨"大脑"总体架构

（二）城轨"大脑"向AI全覆盖演进

AI技术演进已经历4个阶段，第一个阶段的AI是以逻辑推理为主，AI能力以聚焦决策和认知为主；第二个阶段的AI则是以概率统计的建模、学习和计算为主，这一阶段的AI能力开始聚焦感知、认知和决策；第三个阶段的AI聚焦学习环节，注重大模型的构建,以及AI能力覆盖的学习和执行;第四个阶段的AI则聚焦执行与协作环节,开始注重人机交互协作,注重人类对人工智能的反馈训练。当下的智慧城轨"大脑"正向AI全能力覆盖方面演进。如果说,过去的人工智能在解决头部的痛点,现在的人工智能将点连成了网,解决的是网下更长尾①的痛点。

面向城轨运营数字化、智能化、网络化的需求,需要构建基于海量数据的采集、汇聚、分析的服务体系,以支撑城轨智慧运营,城轨"大脑"包括边缘层、SaaS(software as a service,软件即服务)、PaaS(platform as a service,平台即服务)和IaaS(infrastructure as a service,基础设施即服务),如图2-4。

智慧城轨"大脑"支持前端资源的泛在连接,实现对运营环境的"人(运营人员)、机(机器设备)、物(物料)、环(环境)"的全方位动态感知、数据采集及控制执行。除了通过工业以太网和工业总线获取车站与段场的设备状态及其他业务系统的数据之外,智慧城轨"大脑"也实现了通过计算机视觉、室内定位、生物识别、智能表计、智能传感、在线状态监测、激光探测、互联网信息挖掘等技术对人、机、物、环、事件等的感知,比如,对车站的客流感知、乘客感知、设备状态感知、故障监测、温度感知、湿度感知、安全事件预警等实现对车站的全息感知。此外,智慧城轨"大脑"还可与外部系统交换数据以获得对运营和服务有潜在价值和意义的数据。

---

① 长尾:统计学中幂律(power law)和帕累托分布(Pareto distribution)特征的口语化表达。正态曲线中的突起部分叫"头",右边相对平缓的部分叫"尾"。人们通常只能关注重要的人或重要的事,即关注曲线的"头部",而忽略曲线的"尾部",但尾部加起来却超过头部。

第二章 智慧城轨以大脑上装智慧

信息安全体系		
标准规范体系		

SaaS 层

- 生产指挥中心：ISCS、ATS、ACS
- 企业管理中心：AFC、PIS……
- 资产管理、流程管理、办公管理
- 应急物资、人力资源……
- 乘客服务中心
- 乘客服务、企业门户网站等

PaaS 层

- 开发平台：工作流编排 / 三维服务 / GIS服务 / 即时通讯 / 音视频通信 / CIM服务
- 技术中台：可视化组件编排 / 离线·实时数舱 / 数据开发平台 / 大数据基础软件 / 分布式数据总线 / 业务中台
- 数据中台：
  - 视频监控中心、设备监控中心、乘客监控中心、车辆监控中心、预案管理中心
  - 服务编排：供电监控中心、客流监控中心、辅助决策中心、用户权限中心、能源管理中心、航务设备中心
  - AI中台
  - 数据编排：行车数据、能耗数据、客流数据、事件数据、告警数据、视频分析数据、人脸识别、客流预测、故障预测、模型训练等、语音识别
  - 离线计算 / 实时计算 / 数据存储 / 数据治理 / 数据服务、点位数据等
  - RDB / NoSQL / 分布式缓存 / 时序数据库 / MPP、大数据
- 设备管理平台：
  - 物联网关 / 设备模型 / 规则引擎 / 设备管理
  - 流程引擎 / 消息中间件 / 关系数据库 / 分布式缓存 / 容器编排 / 系统监控
  - 数据采集 / 设备接入

IaaS 层

- 计算服务：计算资源池
- 数据采集接入 / 协议转换 / 设备服务 / 存储服务（CIP 存储资源池）/ 实时控制 / 网络服务（网络资源池）/ 安全服务

边缘层

- 数据采集接入 / 协议转换 / 边缘网关 / 数据处理 / 车站/段场业务

图2-4 智慧城轨"大脑"建设示例

ISCS-城市轨道交通综合监控系统；AFC-自动售检票系统；ATS-列车自动监控；PIS-乘客信息系统；ACS-门禁系统；GIS-地理信息系统；CIM-城市信息模型；RDB-Redis数据库；NoSQL-非关系型数据库；MPP-大规模并行处理；CIP-通用工业协议。

（三）AI是城轨"大脑"的核心技术

1. 智慧城轨操作系统和工业互联网平台

人工智能的出现，意味着具有自主感知、认知、决策、学习、执行、协作能力的城轨"大脑"逐步形成，这六大关键能力成为城轨提高生产能力和效率的核心技术。城轨"大脑"提供的不仅仅是简单的工业互联网平台，而是以面向特定业务域的过程管理为主，同时又能支撑和形成跨业务域应用、面向数据集成的智能化新应用，是更加可靠、通用、开放、支持迭代开发和创新的操作系统。

通过泛在连接，城轨"大脑"可提供开放的数据接入能力，支持对各种设备数据的实时采集。基于城轨"大脑"对海量边缘节点统一接入的支持，边缘应用产生的数据可快速转发到云端。

城轨"大脑"的数据中台可以进行海量数据的存储、处理和管理。在数据中台之上，城轨"大脑"提供了开放和可拓展的AI能力平台，实现机器学习、机理分析及对大数据的深度挖掘和分析。城轨"大脑"支持的技术、能力和知识等沉淀成为能力支撑，有助于实现能力共享和能力复用。

城轨"大脑"通过解耦[①]能力与业务应用，将业务系统中通用的业务能力或技术要求进行封装来实现能力的平台化，进而形成对业务应用的平台支撑。然后能力平台将核心、通用的业务以服务的方式进行沉淀，以此实现对业务变化和创新发展的快速响应。

---

① 解耦：降低应用模块间的依赖度。让数据模型、业务逻辑和视图显示等层级之间耦合降低，把关联依赖降到最低。

2. 城轨业务的数据融合和AI模型

城轨"大脑"将来自于各业务子系统、各专业的海量数据进行采集、清洗、整理、集成、标准化、建模、挖掘、分析等,通过数据仓库、数据治理等手段构建全域统一的数据资产,使其成为建设智慧城轨的基础。

基于数据的全面融合与AI技术,城轨"大脑"可进一步实现对城轨大数据的联动分析,提供包括客流预测、健康度评估、故障预测等服务。城轨"大脑"具体应用了以下典型技术:

(1)基于数据融合的客流检测和基于深度学习的客流预测技术。

(2)基于智能视频分析、人行轨迹挖掘的智能安防技术。

(3)基于深度学习的人脸比对技术。

(4)基于深度学习的语音识别技术。

(5)基于机理模型和机器学习的关键设备的健康评估模型。

3. 采用CPS 5C架构设计

城轨"大脑"基于CPS 5C架构设计,包括智能感知层(connection)、信息挖掘层(conversion)、网络层(cyber)、认知层(cognition)和配置执行层(configuration)。在这个架构中,通过对系统网络中的人、机、物进行深度融合及实时交互,构建具有多维度属性的系统虚拟运营模型,使其具备有感知、有认知、有行为、可交互、会学习、自成长、会决策等特性,这也是城轨"大脑"能够实现运营智能化的关键所在。

4. 基于全时空全场景的智慧城轨管控技术

智慧城轨以前端感知为核心，判断何时为可执行状态，辅以视觉技术、传感技术，实现对运营状态的全方位感知，并结合深度学习提升感知力。城轨"大脑"通过融合多个传感器的数据和相关信息，结合对数据及信息的智能处理和分析，做出智能化决策，以数据驱动运营生产和运营能效的提升。在搭建完善的智慧运营系统框架的基础上，逐步建成全息感知、实时分析、科学决策、精准执行、业务联动的智慧运营管理系统。

在全面集成连接能力的基础上，城轨"大脑"通过对数据采集、分析，将一切行为过程通过数据进行呈现，随时把握运营和管理的细节与趋势，预测风险、精准决策，实现业务数据化，数据业务化。

5. 基于机器学习、大数据分析的主动进化技术

大数据分析可以最大限度地挖掘数据潜力。在当前的人工智能研究中，以数据为中心的方法为语音识别、计算机视觉和自然语言处理等重要任务带来了突破性的进展。基于机器学习的原理，通过数据存储、数据操作、数据挖掘，为开发出具备类似人类水平的智能机器提供支撑，这些智能机器被我们称为智能体（agent）。

城轨"大脑"能够充分应用智能体的智慧驱动每一个场景，如问询智能机器人、设备巡检机器人、智能语音购票等，实现更"懂"人心的自助服务，让乘客能够享受高质量和便捷的乘车体验。

二、城轨"大脑"动起来

如同人的大脑每天都在高速运转一样,城轨"大脑"也需要持续不断地高速运转,每天需要处理海量数据。自2012年起,云计算技术开始与城轨行业融合碰撞,并以此为基础搭建了"城轨云"平台,作为支撑智慧城轨发展蓝图的基座之一。

(一)城轨"大脑"运行的基础条件

城轨云的构成比我们想象得更像人脑(图2-5),它是城轨"大脑"运行的基础条件。城轨云由1个平台(云管平台)、2个中心(生产中心、灾备中心)和3张网络(安全生产网络、内部管理网络和外部服务网络)组成。其中,云管平台负责对2个中心和3张网络的计算、存储、网络和安全等资源进行统一管理;2个中心采用双活架构设计,两个中心同时提供服务保证业务服务的连续性;3张网络则承载了城轨交通的全部业务系统。

《纲要》中也提到,"到2025年,要完善城轨云与大数据平台的体系建设和应用落地,新建城轨交通城市全部采用城轨云,实现对城轨业务的全覆盖,并同步建立数据共享平台与城轨网络安全体系"。城轨"大脑"的重要性不言而喻。

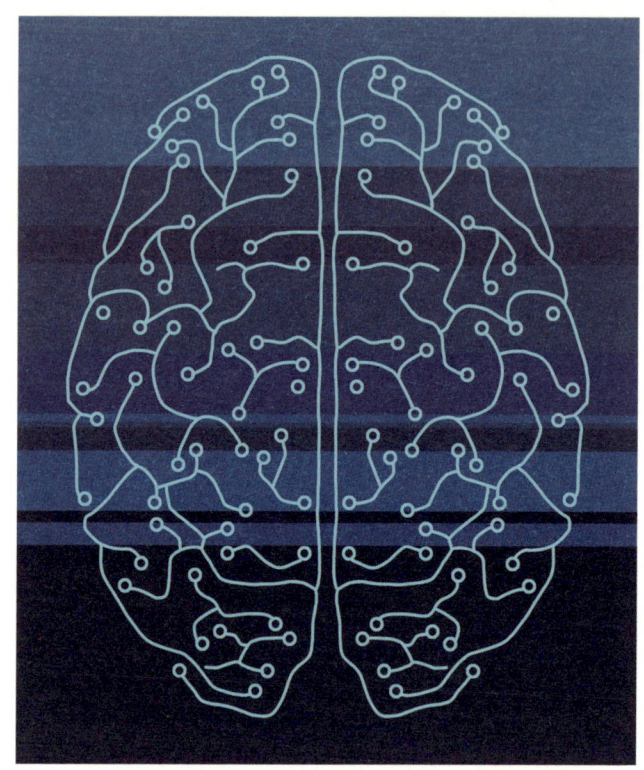

图2-5 如同"人脑"一般强大的城轨"大脑"

(二)城轨"大脑"的运行安全

要使城轨"大脑"正常发挥功效,提供及时、有效的服务,系统性地做好网络安全至关重要,主要通过以下措施来实现城轨"大脑"的运行安全。

1. 保障平台应用安全

保证城轨"大脑"自身机体的安全是保障其正常运行的关键。可以借助现代加密技术充分保障重要数据在传输及存储过程的保密性、完整性,以及交易的不可抵赖性,实现城轨"大脑"

的安全需求。通过群集技术保证系统的可用性，确保提供及时、可靠的服务。

2. 保障系统安全

围绕"一个中心、三重防护"的核心理念，落实系统各项安全措施，主要措施有：

（1）通过部署防火墙、网络准入等措施，保障城轨"大脑"系统的区域边界安全。

（2）通过部署VPN（virtual private network，虚拟专用网络）、加密通信传输、入侵检测设备、冗余网络设备等措施，保障网络通信安全。

（3）通过系统加固、部署安全防护软件等措施，保障计算环境安全。

（4）通过建立安全管理中心、强化集中管控、进行安全审计等措施，有效掌控安全态势，及时发现安全问题及隐患。

3. 保障数据安全

城轨"大脑"汇聚了多方面的数据，包含敏感的、重要的数据（如个人信息），对这类信息必须要做好数据安全工作，使数据采集、存储、处理、应用、交换、销毁等全过程符合国家法律规定及城轨相关制度的要求，最大限度地保障重要数据、敏感数据不被泄露，保护个人隐私。

（三）城轨"大脑"劳逸结合

城轨"大脑"虽然不像人脑一样具备生物属性，却同样需要适时休息养护，如定期检测问题和隐患，进行必要的应激练习等,让"大脑"更加强壮,以胜任长久的工作。

云平台通过统一的云计算,结合IT(information technology,信息技术)基础架构平台,实现城轨综合监控系统、自动售检票系统、视频监控系统、门禁系统、乘客信息系统和列车自动监控系统的融合部署。云平台数据中心是实现运营监视、应急指挥和信息化管理的基础平台。如何避免因数据中心故障而影响地铁生产系统的正常运行,是云平台建设和维护的重要研究方向。[4]

城轨云平台的运维管理工作主要包括日常运维、安全防护运维、运维架构设置及应急演练。

云平台的日常运维聚焦于平台状态管理、资源管理、例行检查、预案管理及数据备份。在日常运维中,即便是看似简单的巡检,也要以业务视角观测数据的相关性,完成和执行智能决策,防患于未然。

安全防护运维,主要是针对云平台网络、系统和业务的安全加固,通过漏洞扫描与渗透测试的结合使用,达到最佳防护效果,确保城轨系统的信息化安全。

运维架构设置,主要是根据不同城市城轨云平台的规模、设备数量、设备分布,设置运维的主要人员岗位结构图和职责。

应急演练,是运维人员定期对云平台进行故障演练,模拟出现线上故障时的高可用能力演练,提升系统的容错性和可恢复性,确保紧急情况下的快速响应,最大限度减少故障时间。

三、让城轨"大脑"拥有记忆

和人脑一样,记忆是城轨"大脑"很重要的部分,它是信息形成和分析的重要因素,也是"大脑"实现智能进化的基本条件。

(一)城轨"大脑"的记忆

业务数据就是城轨"大脑"记忆的内容,城轨业务云平台基于虚拟化技术、分布式存储技术、云资源管理技术、信息安全技术等,实现计算、存储、网络资源集中管理、按需分配和统一监测,提高服务资源利用率,便于业务快速部署和扩展[5]。因此,业务数据具有产生速度快,动态性强、类型多样,关联性强、规模庞大,异构性①强等特点。

1. 数据产生速度快,动态性强

城轨系统连接的增多,使得更多数据产生,其中实时数据所占比例也随之增加。除了人、财、物等通用管理信息系统外,设施设备维修维护系统和生产系统[综合监控、AFC（automatic fare collection,自动售检票系统)、环境监控等]产生的数据都发生变化,因此,城轨需要更及时、更快速地处理数据。对生产系统而言,每时每刻都可产生大量监测数据。数据呈现出动态性

---

① 异构性:指数据的结构不同。异构数据是相关的多个数据的集合,数据的异构可分为结构异构、语法异构、系统异构和语义异构等。

强、随机性强、颗粒度多样等特征,并且都以毫秒或微秒级的时间间隔变化。

2. 数据类型多样,关联性强

根据来源不同,业务数据分为内部数据和外部数据。内部数据包括安全生产数据、运营服务数据、维修维护数据、物资采购数据、人力资源数据、财务管理数据、企业管理数据;外部数据包括交通路况数据、天气数据、大型活动数据和其他相关数据等。城轨各子系统运行产生的业务数据虽然生成形式多种多样,但是数据之间相互关联,其中一个系统中部分数据的变化可能会引起或导致另外一个业务系统的连锁反应,并且数据之间具有很强的关联度。

3. 数据规模庞大,异构性强

轨道交通数据出自多种不同系统或用户输入,导致多源异构数据占比颇高,这些数据的特点是来源不同、采集间隔小、业务种类繁多,数据量大。这些数据的意义不在于数量庞大,而在于对含有意义的数据进行专业化处理,提高城轨"大脑"对数据的加工能力,通过加工实现数据的增值。

(二)城轨"大脑"的核心能力

1. 数据湖

数据湖是智慧城轨"大脑"的核心能力,就好比"大脑"的记忆能力,主要用来解决数据的存储管理和高效利用问题,包括城轨各业务系统带来的结构化、半结构化和非结构化的异构海量数据(图2-6)。

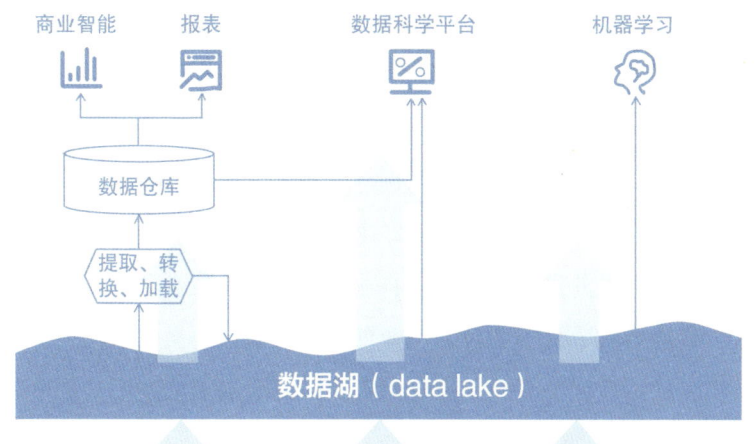

图2-6 数据湖结构

数据湖是一个以原始格式存储数据的存储库或存储系统，它按原样存储数据，无须事先对数据进行结构化处理。之所以称之为"湖"，因为"湖"是有边界的，这个边界就是城轨系统的业务边界。经过多年的沉淀，城轨数据湖的边界在不断扩展，演进为集多源异构数据统一储存、多范式计算分析及统一管理调用于一体的大数据综合解决方案。因此，数据湖可以发挥数据管理和权限管理能力，以更高效率、更低成本的方式管理数据，打通数据孤岛，释放数据价值，助力城轨的数字化转型。

2. 数据入湖

数据入湖是整个数据湖构建的起始，数据入湖包括元数据入湖和业务数据入湖两个部分。

（1）元数据入湖。元数据（metadata）是关于数据的组织、数据域及关系的信息，是描述数据的数据（data about

data），主要是描述数据属性（property）的信息。假设元数据是"户口本"，有了"户口本"，则可以了解此人的出生日期、户口地址等个人信息。这些信息就构成了对这个人的详细描述，这些信息就是描述这个人的元数据。元数据打通了数据源、数据仓库、数据应用，记录了数据从产生到消费的全过程。将技术元数据采集入湖，并通过管理手段将业务元数据和技术元数据进行关联，最终形成数据资源目录。业务人员可通过语义快速找到所需数据，通过数据关系动态追溯，极大降低数据消费门槛，让更多业务分析人员理解和消费数据。

（2）业务数据入湖。业务数据入湖是指将业务数据实体采集入湖，实现各业务系统数据统一存储和利用。业务数据入湖的方式根据数据源的类型和数据消费的场景和需求决定，一个数据实体可以有不同的入湖方式，包括批量数据集成、实时数据同步、接口集成和数据流集成等方式。

四、让城轨"大脑"学会思考

（一）大数据+大算力+强算法

美国沃尔玛超市的数据分析师对用户消费数据进行分析时发现，周末来超市购买婴儿纸尿裤的一般是年轻的爸爸，他们很可能在买纸尿裤的同时顺带捎上几瓶啤酒。发现这个现象后，沃尔玛将啤酒和纸尿裤这两个本来不相关的商品摆放在相邻货架。这一决策大大提高了这两种商品的销量。这就是经典数据分析挖掘案例"纸尿裤与啤酒"的故事。大数据时代给了我们研究的新思路,即有了理论和数据,才能得到预测的结果。

近年,国家密集出台的《"十四五"大数据产业发展规划》《"十四五"数字经济发展规划》等政策文件中,都把数据列为重要生产要素。作为新型生产要素,数据可以极大改善和提升各传统生产要素的生产力,这也体现了数据的核心意义和价值。

基于数据+算力+算法,人们可以对物理世界进行状态描述、原因分析、结果预测、科学决策。城轨"大脑"在不断积累中形成了由大数据、大算力和强算法构成的大模型,基于云平台(即算力),通过"思考"(即算法),对"记忆"(即数据)进行分析挖掘,可让数据发挥价值。大规模及足够多样性的数据、大模型、充分的训练过程,这些因素看似朴素,却足以让AI在城轨"大脑"的建构中表现出智能(图2-7)。

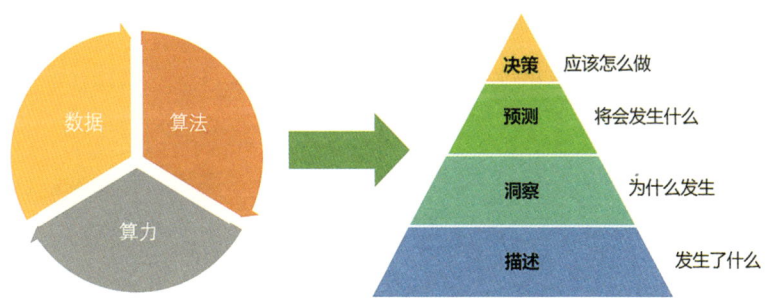

图2-7 基于数据+算力+算法的架构图

在轨道交通领域,可以利用数据发挥城轨"大脑"的"思考"能力,在工程建设、运营管理、资源经营、社会服务、企业决策等方面开展智能分析和挖掘应用。

（二）AI语音与乘客对话

随着"互联网+"的应用深化，城轨客服系统也在向智能化转型。如今，客服App、智能客服中心、智能客服机器人等多元化服务载体陆续出现，实现7×24 h值守、多渠道部署，过去的人工服务逐渐由自助设备、智能设备或远程客服来替代，极大提高了客服效率，节省了人力资源配置，推动企业服务智能化转型。

近年来，基于人工智能的语音识别技术已经成熟并广泛应用，实现了人机对话，成为智能客服的一大亮点。乘客通过语音输入想要咨询的问题，系统会智能分析关键语义，听懂乘客的话，自动判断其需求，提供最适合的服务项目，缩短操作和等待时间，为乘客减轻焦虑和负担，提升了乘客的体验满意度。

（三）AI视觉识别乘客身份

通过生物特征来识别人员身份的技术由来已久，这项技术应用在城轨领域，就可以使城轨具备"认人"的能力。

生物识别技术是指通过技术手段对人独一无二的生物特征进行采集与分辨，并与已建立的个人专有数字化信息帐户相对应。

通常来说，在开放环境中使用的生物特征包括人脸、虹膜、声音、指/掌纹、指/掌静脉等。随着近年计算能力和机器学习技术的高速发展，在生物特征识别精度上，机器已远超人类的水平，开始具备大规模应用的条件。考虑到便捷性和识别精度，当前应用于城轨领域的主要有人脸识别、掌静脉识别、虹膜识别等。

(四)AI与看图说话

城轨监控环境错综复杂,人、车、物类别繁多,每时每刻都有新的"状况"发生,自然也会存在潜藏的威胁,导致事故的出现。城轨"大脑"需要学会看图说话,通过监控图像分辨监控对象的种类和属性,分析对象的行动,得出可能出现的潜在问题,从而提高城轨监控的可靠性。

城轨"大脑"通过目标检测算法获取监控对象的位置和区域图像后,通过深度神经网络提取目标对象的表观生物特征,并通过分类算法获得不同类别信息,例如人、车辆、手提箱、危险品等。城轨"大脑"通过属性识别算法获取目标的属性,譬如人的性别、身高、穿戴、年龄、肤色等。在检测和分类之后,城轨"大脑"需要持续观测监控对象状态、分析其行为并对异常行为进行识别和预警(图2-8)。

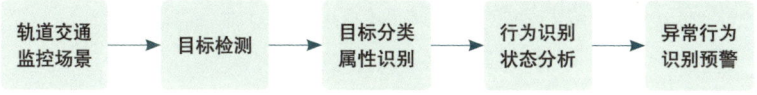

图2-8 城轨看图说话流程

(五)AI监测与业务自主分析

为实现更高要求的安全监测目标,城轨"大脑"需要对异常事态进行智能识别、提前发现和自动报警,行业内也在积极探索,打造完整统一、多方面监测、综合性强的监测分析预警系统。

自主监测分析是利用预警理论构建指标体系,通过信息收集、场景分析和信息发布,实现监测预警功能。例如,长沙地铁6号线基于地铁各种运营场景搭建智能监测预警平台,通过收集、汇总行业内各种运营状况及自身运营经验,分类梳理各种地铁场景进行监测,监测内容包括大客流、地铁安防、汛情防控、火灾预警、列车运行情况、设备故障等各类场景事件。

再以广州地铁天河智慧城示范站项目为例,智慧地铁车站移动站务管理系统通过Wi-Fi连接到车站综合监控网络,对车站的各专业的数据进行监控与分析,基于移动站务管理系统,可实现站务人员对站内整体情况实时感知。利用大数据分析提供的客流分析功能,可以为站务客控决策提供相应的数据支撑。通过移动端对各专业设备的报警和事件信息进行实时监测,能够方便站务人员更及时地掌握站内设备运行态势。[6]

让城轨"大脑"学会自主监测分析,可以使其对突发事件做到更好的预防与准备、监测与预警、快速响应与处置,降低突发事件对正常运营的影响及降低人员伤亡事件发生的概率。

(六)AI决策评估城轨健康状态

出于对系统安全性与可靠性的考虑,城轨的设施设备需要保持较高的检修频率,最大限度降低运营期间发生安全事故或故障的概率。为实现此目标,常规的策略为计划维修与故障维修,这在设备健康状态无法被准确感知的情况下是行之有效的。但是,计划维修和故障维修会消耗较高人力,造成运营成本增大等问题。

从理论上来讲,以状态维修代替计划维修和故障维修的策略是可行的解决方案。城轨领域对状态维修的探索已有一段时间，但始终未能大规模落地应用，根本原因在于当前的技术手段不够成熟，难以做到以可控的成本实现设备状态的精准感知、判断。因此，如何利用城轨系统现有的运行数据，实现关键系统健康状态的精准感知，是城轨智能运维的核心问题。

利用智慧城轨"大脑"，分析系统运行中产生的全量数据，使状态维修成为可能。基于设施设备的机理模型，辅以人工智能技术与大数据技术加持，智慧城轨"大脑"可准确判断设施设备的健康状态，并持续追踪其变化趋势，在设施设备的健康状态迅速下降时提示维修人员及时进行检修；在健康状态保持稳定时，适当降低检修频率，减少设备过度检修，降低运维成本。同时，由于设施设备在运行过程中外在环境、内在损耗等因素在不断变化，智慧城轨"大脑"可自动针对这些变化，更新设施设备的健康度评估模型，始终保持评估模型的准确性与时效性。

五、城轨"大脑"开始成长

（一）城轨"大脑"的自主进化

类比生物学层面的进化，对城轨"大脑"来说，"基因"就相当于城轨系统的内部算法模型代码，"环境"就相当于外部数据。算法根据数据中对分类、聚类决策有价值的特征，找出变化规律。随着知识迭代的加速，城轨"大脑"呈现出"自主进化"

的特征，这恰恰体现了智能的本质。城轨"大脑"有了自主进化能力，才能从真正意义上称之为"大脑"。

城轨"大脑"执行决策的流程，包括数据准备、数据收集和清洗、特征工程（包括特征选择、特征提取、特征构造）。城轨"大脑"中有若干个机器学习智能程序算法，根据初期的条件参数，通过历史积累的数据反哺，历史执行过的决策优劣评价，组合、修改调整算法参数，根据环境的响应和优化规则，形成新版智能程序，实现"响应—修改—择优—响应"的循环，这与人脑可以修正自己的神经链路颇为类似，都是要实现不断完善的功能进化。

（二）AI客服人机对话

智能客服（AI客服）之所以能替代人工客服，关键在于AI客服不但能听懂乘客的话，还能与乘客对话。

为了能够与乘客更自如地对话，AI客服应提升如下几方面能力：

（1）AI客服应该具备问答能力。该能力主要通过深度学习领域中的CNN–BiLSTM（convolutional neural network–bidirectional long short–term memory，卷积双向长短期记忆神经网络）模型来实现。在应用该模型的基础上，尽可能涵盖业务常用并且描述清晰的问题及其对应的回答，将这些配置好的问题形成"标准问"，再基于"标准问"进行扩写，获得模型所需的训练数据。

（2）AI客服应该具备情感识别能力。此项能力主要使用Bi–GRU（bidirectional gated recurrent unit，双向门控循环单元）模型建立情感识别模型和闲聊模型。基于深度学习技术，模型对用户输入的语句进行计算处理，对带有情感色彩的主观性文本进行分析、处理、归纳和推理，识别出用户的情感倾向，然后，AI客服根据用户情绪的不同来生成回复，以此驱动交互能力的提升。

（3）AI客服应该具备识别乘客意图的能力。意图识别能力主要使用文本分类模型Text-CNN（convolutional neural network，CNN，卷积神经网络）来作为基础核心模型。所谓意图理解，简言之就是要感知和识别用户的意图，对用户话术进行识别并将其关联到具体的意图知识点上，根据交互文本、手势、图像、视频等多模态信息，准确理解用户的意图。

（4）AI客服应该具备多轮对话的能力。该项能力通过任务型多轮对话引擎实现。任务型多轮对话是对话式AI的必由之路，根据上下文内容，进行连续的、以解决某一类特定任务为目的的对话。在意图识别的基础上，根据业务逻辑形态，使用流程导向图，利用深度学习的NLG（natural language generation，自然语言生成）技术以及上下文记忆技术实现下一个交互步骤（next interaction step）的话术，通过引导交互完成服务。

（三）AI算法为城轨省电

城轨车站是包含站台、站厅、设备房等在内的复杂环境，环境监控系统设备众多，不同环境监控设备运行参数相互影响。同时，环境监控系统还受人员变化、季节变化、内外环境参数变化、负荷需求变化等多种原因的影响，因此，需要利用AI对城轨车站环境和设备系统进行优化控制以降低能耗。

先面临的一个难点，是如何准确判断车站内所需要的冷量。传统方法无法实现，只能在车站温度发生变化后再做出反应。由于环境的热惰性和环境监控系统的时滞性，调节起来缓慢而滞后。反之，利用AI可提前估计站内所需冷量，避免系统超调导致的能源浪费。

此外，环境监控系统的设备众多、管路较长，从车站环境的变化到冷水机组的变化，中间环节多，调节滞后性大，难以实现系统的优化运行。为此，采用AI对整个环境监控系统的所有设备进行同时优化，在众多设备运行时，使其整体效率最高，从而达到节能的目的。

（四）AI为城轨"把脉"

传统的设备故障检测/预测算法模型是基于专家系统、阈值法等构建的，具有研发难度低、可解释性强等优势，但需要人工介入的程度较高。这种传统算法模型，对于未在专家知识库内的未知情况、异常或故障往往无能为力，而收集完整的设备故障库则需要几年甚至更长的时间。因此，如何利用大数据算法构建设备故障的自动识别系统，实现设备的自我把脉变得越来越重要。

随着技术的发展，基于深度神经网络的设备故障诊断模型开始越来越多被尝试，即将设备的高维数据输入到深度神经网络模型中，通过大量数据训练，最终让模型学会诊断设备故障。目前，这种方法暂未在业内获得普及推广，主要原因是样本不均衡与设备数据不充足。深度神经网络需要均衡的数据样本，对于故障诊断的场景而言，故障数据与正常运行数据的数量应基本相同,或至少在同一个数量级。然而,由于城轨系统对运行稳定性具有极高要求,故障数据量相比于正常数据的数量显得微不足道,因此,单纯依靠深度神经网络的方案目前并不可行。

基于上述原因,当下较好的解决方案是将专家系统与机器学习相结合,建立设备的故障机制模型,再利用机器学习手段对模型进行训练,从而获得双重优势。设备的故障机制模型作为基线模型,对设备的故障进行基本描述,再通过机器学习算法对模型进行训练与更新。当设备随服役时间发生状态迁移时,这种算法也可以自动追踪设备状况的变化,从而达到自我诊断、自我更新的目的。

以广州地铁21号线苏元站站台门系统为例,通过系统感知模块获取关键设备的状态数据,进行相应的预处理和数据分析,感知当前关键设备的健康状态,并结合相关的模型算法预测关键设备的未来状态趋势,予以设备健康评价和及时预警,为站台门检修与维护提供指导。[7]

(五)AI预测客流

客流预测服务的功能是引导乘客智慧出行,城轨"大脑"能让客流预测越来越准。城轨"大脑"以乘客的历史OD(origin destination,起点终点)数据为基础,结合日期信息、天气信息、乘客乘车规律、线网拓扑结构等多源数据,采用业务经验、统计规则模型、机器学习模型,构建覆盖工作日、周末、节假日、特殊事件等场景的精准客流预测模型。基于该模型可以准确、实时地预测地铁线网各车站的客流情况(图2-9)。

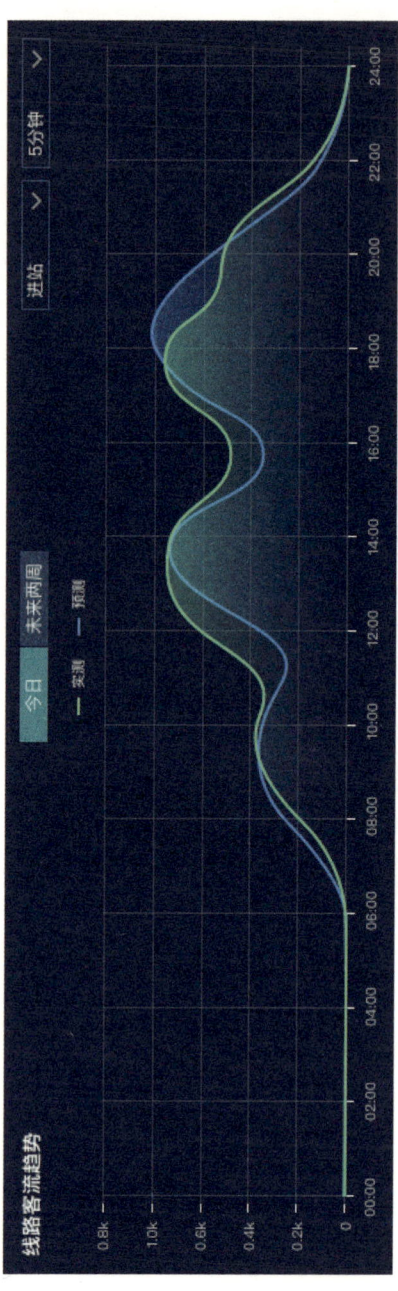

图2-9 城轨"大脑"可以对客流进行实时精准预测

对于乘客而言，客流预测模型可以帮助乘客选择合适的出行时间和线路。对于运营人员来说，则可以根据精准的客流预测，合理安排线路计划表和站内值班人员。

精准的客流预测对于特殊事件引起的大客流的应对也很重要。比如，举办大型活动（演唱会、马拉松、跨年晚会等）、突发事件（暴雨天气、列车故障、列车停运等）会导致短时间的车站客流高峰，而通过客流预测系统，可提前预判特殊事件带来的影响，提前采取应急管理措施，有效预防拥堵问题，保证乘客的安全。

第三章

智能连接 重塑城轨的"神经网络"

一、泛在连接重塑城轨"神经网络"

（一）5G与智慧城轨

1. 5G技术的特点

第五代移动通信技术（5th generation mobile communication technology，简称5G）是具有高速率、低时延和广连接特点的新一代宽带移动通信技术，5G通信设施是实现人机物互联的网络基础设施。

2. 5G技术在城轨中的运用

5G通信技术运用在城轨中，能够推动城轨行业内传统的多层、复杂、固定网络架构向扁平、轻量、可更新迭代的网络架构转型，让城轨向更加自动化、有效化、系统化的方向发展。在新基建背景下，以5G技术为基座，可以全面提升城轨运营服务能力（图3-1）。

3. 基于5G技术的列车行车类应用

（1）基于5G技术，可实现车地间的可视化语音通信。如车内乘客可通过紧急呼叫功能与调度员通话，调度员则可通过车辆的实时画面，判断并完成调度工作。

（2）基于5G技术，可实现超高清视频流的传输与播放，如对列车CCTV（closed circuit television，闭路电视视频监控系统）及PIS（passenger information system，乘客信息系统）视频

图3-1　5G赋能城市轨道交通高效发展

的播放。

（3）基于5G技术，可实现3D可视化VR（virtual reality，虚拟现实）行车环境场景，将列车轨迹可视化并实现可控（图3-2）。

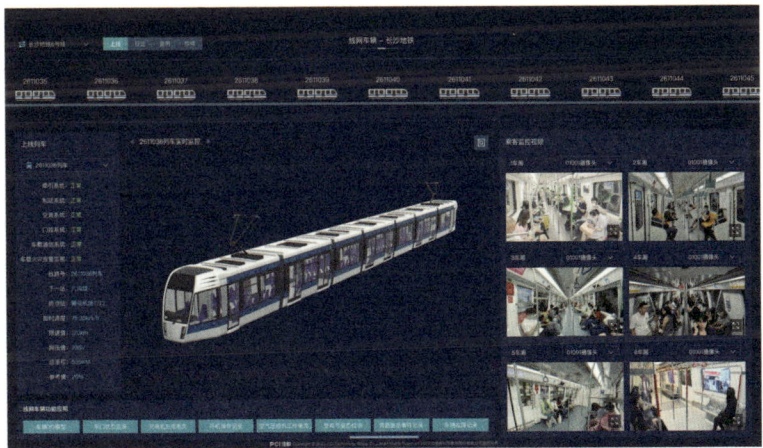

图3-2　基于5G技术的3D可视化VR行车环境场景

4. 基于5G技术的城轨运维类应用

基于5G网络切片①技术,结合NB-IOT(narrow band-internet of things,窄带物联网)技术,实现设备间的通信,提高系统自适应生存能力。通过实时监控运行状态,及时发现隐患,从被动维护转为主动监管,提高系统维护效率和安全性。

5. 基于5G定位技术的日常及应急管理应用

基于5G定位技术部署的灵活性,可以实现人员的实时精准定位,提升工作人员的实时调度、作业区域管理、安全通道预警的准确率。尤其在处置突发事件时,精准的人员定位追踪是应急工作的要点,对提升城轨运营安全具有重要意义。

此外,由于城轨列车运行的隧道环境复杂,如发生紧急情况,可通过高速无线通信系统实时了解现场情况,便于决策,提高应急处理效率。

6. 基于5G技术的地铁大数据应用

5G时代的来临,使得城轨运营数据量剧增。如此惊人的数据增长速度,缘于产业互联网的崛起。每一个不间断运行的设备、每一个传感器,都在源源不断地产生或收集数据。这些数据,正在成为城轨加速智慧化的原料。比如,通过数据路径统计、5G室内定位导航、耗时预估,辅助乘客出行择时,提前预约打车,实现地铁、出租车、公交等交通方式的无缝接驳。

---

① 网络切片:根据不同业务应用对用户数、网络服务质量、带宽的要求,将一个物理网络切割成多个虚拟的端到端的网络,每一个都可获得逻辑独立的网络资源,且各切片之间可相互隔离。因此,当某一个切片中产生错误或故障时,并不会影响其他切片。

通过客流大数据预测，进行实时客流监控，实现站内分区疏散、站外潜在乘客引导换乘、高效疏散，提升乘客舒适度，提高应急事件处理效率。

（二）Wi-Fi6与智慧城轨

构建安全、智能、便捷、高效、绿色的智慧城轨对通信网络提出了更高的要求。Wi-Fi6，即第六代无线网络技术，是Wi-Fi联盟创建于IEEE 802.11标准的无线局域网技术。

1. 全自动运行的辅助

采用Wi-Fi6技术，可实现城轨列车全自动运行时代的大带宽、低时延业务承载，完成乘客信息系统实时视频、新闻广告信息、运营播报信息传输的同时，还可实现列车运行状态的实时传递，运营人员通过了解、掌握列车运行状态，接收设备告警等信息，及时处理故障，保证列车运营安全。

2. 乘客信息系统更好的应用前景

城轨存在车地回传带宽低，实时数据易丢失，安装部署效率低等痛点，无法支撑城轨乘客信息系统等大带宽业务的全量实时回传。利用Wi-Fi6的优势是在保障乘客信息正常传输的同时，可拓展更多的乘客服务。譬如：在列车内开通可视化通话终端，用于紧急情况下的乘客救助；车厢体温检测设备，有效提高疫情防控效率；旅途中实时推送新闻、直播、体育赛事、娱乐节目等，提升乘客出行体验。

3. 借助Wi-Fi6实现用户信息收集及精准广告推送

合理利用Wi-Fi6支持更多频点的优势，开通可供乘客使用的接入频段，在获得乘客授权后合法合规地搜集用户信息，实现对乘客群体画像的精确定位，通过精准的广告营销，增加运营收益。

（三）当列车开始相互对话

信号系统作为保证轨道交通运行安全、提高运行效率的重要基础设施，一直在安全与效率之间寻求最优解。

目前城轨主流信号系统为CBTC系统（communication based train control system，基于通信的列车控制系统），而CBTC系统提升效率的瓶颈主要来源于进路的防护逻辑，该逻辑使车辆在岔区的折返能力和部分特定区域的通过能力受限，导致整条线路的运能受影响。

如何在保证行车安全的前提下，更有效地利用现有线路和车辆资源，在提高运能的同时减少运维成本呢？2013年，"车—车通信模式"由法国阿尔斯通公司率先提出，"车—车通信模式"可精简大量地面设备，操作也更为灵活。"车—车通信模式"是目前城轨通信领域的优选方案，我国城轨科研团队也在高度关注，并进行了相关研究和验证。

如列车"自主驾驶"结合"车—车通信模式"。"自主驾驶"是一种更高级的智慧化系统，列车有了自己的"大脑"和"千里眼"，能感知、会思考、懂判断、做决定，实现互相对话并默契配合。相关研究试验结果显示，"车—车通信"系统可使安全行车间隔平均缩短30%，车路协同更为顺畅。

（四）IoT让智慧城轨万物互联

物联网（internet of things，IoT），即"万物相连的互联网"。当下，物联网技术仍处于快速发展的阶段。物联网在非常短的时间内，已经发展成为一种全球现象。

物联网作为新一代信息技术的重要组成部分，是一种互联设备的集合网络，以及促进设备与云平台之间以及设备自身之间通信的技术。由于价格低廉的半导体芯片和高带宽通信服务的出现，全球现在已有数十亿台物联网设备连接到互联网。这些设备能够按约定的协议，实现物与物、物与人的泛在连接。

物联网的核心和基础仍然是互联网，是结合所有的物理设备，在互联网基础上的延伸和扩展的网络，设备间以相互联结的方式进行数据交换与协作。5G移动网络和Wi-Fi6能够大幅提升网络性能，使物联网应用场景更宽泛。

应用5G移动网络和Wi-Fi6的优势就在于可以提高信息的传输带宽，降低传输时间。结合物联网技术可以将轨道交通系统当中的各个机电设备运行状态通过数据连接的方式传递到控制中心进行集中管理，实现实时在线监控管理，进而实现智能运维。

（五）地理信息系统与城轨融合的多场景应用

在城轨发展的早期，信息化管理主要基于文字、图纸、数据库系统等进行存储、统计、分析与决策。这种方式存在很大的弊端，庞杂的报表、文字、图纸等让人眼花缭乱，系统运维人员往往需要耗费很大精力去识别有效信息，且专业性要求极高。现

在，这些问题在GIS（geographic information system，地理信息系统）技术加持之下都是"小菜一碟"。

GIS是一种用于空间数据的采集、管理、处理、分析、建模与显示的技术。与常规计算机系统相比，GIS的研究对象为地理数据，包括研究地理数据的可视化表达、地理要素之间的空间关系、基于地理数据的分析与决策等。城轨系统作为地理数据子集，自然也在GIS研究范围之内。

城轨与GIS的结合，可实现多样化的场景应用。

1. 地理数据的管理

基于GIS实现图形数据和属性数据的输入，保证系统数据能真实、准确地反映城轨的现状。

2. 数据可视化

基于GIS系统，以卫星影像图作为基础底图，叠加显示各类地理要素，可构建一幅精确的城轨地图。GIS还可用于展示列车运行的实时位置以及拥挤状态、应急资源的空间分布、车站客流与区间客流拥挤度、突发事件位置展示等。

3. 信息查询

基于GIS技术的数据查询是其基础且核心的功能。要了解设备的静态、动态属性，监控设备的运行状态等信息，就可从已有数据中快速查询出满足条件的数据。

4. 应急管理

以GIS为基础平台，可解决现有技术下应急调度效率较低，应急资源管理、调度与空间地理位置信息的结合内容不够的问题，为城轨的安全监控、事故预警与应急管理提供及时、准确的信息和数据支持。

5. 交通规划管理

从GIS技术的空间操作及可视化特性出发,可对修建城轨的地区进行涵盖多项指标的模型分析,针对规划方案进行评估,充分发挥GIS技术在优化设计、交通状态预测中的优势,为城轨规划管理提供辅助支持。

6. 交通信息共享

基于GIS网络平台,向政府部门和乘客共享轨道交通图和运输信息,以丰富的可视化形式将地理信息系统数据进行展示和叠加,使乘客即时获得站点分布、线路轨迹、服务设施分布、区域实况等信息,便于乘客合理安排出行,有效提升运输效率,降低管理成本。

二、数据是城轨的"知识"

(一)流处理[①]技术提升数据时效性

城轨运营离不开实时数据的支持。目前,站段和车站的各类专业系统已实现了对信号、供电、机电、车辆、乘客服务等设备状态、性能数据的实时收集处理。站段和车站的各类专业系统一

---

① 流处理:一种重要的大数据处理手段,特点是处理的数据是源源不断且实时到来的。用户在接收到数据后的短时间内快速查询连续数据流和检测条件,检测时间从几毫秒到几分钟不等。

方面通过其自身的控制逻辑，根据实时状态进行自动控制；另一方面，通过工作站和大屏幕等方式，供调度人员监视和控制。

随着运营、运维管理等业务对城轨平台提出更多要求，城轨平台需要收集范围更广、内容更精细的实时数据，以准确感知整个系统的运行状态。伴随着数据量的逐渐增大和人工智能等手段的引入，数据处理的方式也在随之变化，原有的处理技术已不能完全满足统计及数据分析需求。流处理技术的日趋成熟能够帮助我们解决这一难题。由于设备的监控数据具有数据量大、数据产生无界流①等特征，因此符合流处理技术所对应的应用场景。

流处理的低延迟特性可在实时统计、实时预警等方面提供应用创新的可能性。基于流计算的方式，系统可实时反映统计结果，如客流总数、能耗总量等；还可结合特征分析、机器学习等方式，对设备状态、大客流进行预警，帮助运营人员提前发现问题，并进行快速反应。

（二）数据治理提升价值密度

城轨系统包含数十个专业领域、数以万计的设备及零部件，其内部产生的数据类型繁多、数据量巨大。在大数据的世界里，数据量大意味着价值密度低。

实现城轨信息化的过程是围绕物理世界为核心的非数字原生的方式开展建设的。例如：围绕车辆、设备的运行状态及维护、

---

① 无界流：指有开始但没有结束，不断提供数据。

检修等建设的综合监控、工单等系统；围绕票务交易等建设的自动售检票系统；围绕列车运行建设的通信、信号等系统；围绕企业信息化管理所建设的人力资源、合同、财务、党建等业务系统。在智慧城轨时代，应对上述各系统内的数据进行有效整合及利用，以提高大数据的价值密度。

（三）智能分析结果反哺城轨运营

随着数据量的不断沉淀，隐藏在大数据中的价值越来越需要被提炼、被挖掘。完成了数据的底层搭建后，数据的应用不能停留在浅层的数据分析阶段，而要基于数据反哺业务推动创新。通过对异构数据快速集成、自动数据转换、快速构建数据处理流程作业，支撑高性能数据计算，发现数据之间隐藏的模式、关系和规律，为运营提供决策支持，弥补经验的不足。

1. 城轨数据的特点

城轨运营中会产生海量数据，行业关注的是如何处理数据，并从中获得价值。不可否认，这些数据的体量足够巨大，但我们必须承认这只是冰山一角，结构化数据仅占到全部数据量的一小部分，绝大多数是非结构化和半结构化数据。要想有效提高数据运营的水平，就要先了解数据的关键特点。

（1）数据生成符合一定的时序规律。城轨按照既定的行车计划和方案运行，每天产生符合运营时间规律的数据，这些数据满足一定的时间特征。

（2）数据生成形式多样。城轨数据来源不同，跨部门、跨系统的数据产生方式各不相同，数据分布的异构性使得非结构化

数据占绝大部分比例。要使用和处理非结构化数据，依然是一项挑战。非结构化数据的价值密度通常较低，需要有效的技术对其进行处理和分析。

（3）数据相互关联。虽然数据生成形式多样，但数据之间存在一定的关联度，一个系统的数据变化可能会带来多系统的连锁反应。

（4）数据实时动态更新。城轨运营过程中会不间断地产生数据，导致数据刷新频繁，更新速度快，数据累积量大。

2. 城轨中的数据分析

用人工方式进行数据分析在大量的数据面前显得力不从心，在浩瀚如海的数据中往往无从下手。因此，利用人工智能进行大数据分析研究，成为当前的必然手段。

简单来说，对于城轨的智能数据分析，包括3个研究步骤。首先是业务认知与数据搜索环节，即对城轨运行过程中产生的数据进行采集；其次是数据预处理环节，通过对各种类型的数据进行清洗、合并、共享，形成城轨大数据平台；最后是业务分析与数据挖掘环节，通过人工智能技术对大数据进行深度分析、挖掘和学习。

3. 数据分析反哺城轨运营

当然，仅有数据分析结果是不能直接解决实际问题的，需要以分析结果为依据，结合其他技术，形成解决方案。这里主要有两个技术：

（1）城轨运行智能监测技术，专注于运行安全，根据运行中产生的大量监测数据，及时检测出异常并报警。

（2）城轨运行智能调度技术，专注于提升运行效率，通过分析客流数据所建立的时刻表优化模型使乘客总候车时间缩短。

以智能监测技术的应用为例，当视频监控中出现异常、大面积拥堵等情况时，人工智能通过机器学习模型进行自动检测，及时反馈给运营安保人员，在事故初发阶段及时处理，避免带来更大的危害。

对于车站运营管控来说，最常见的是智能客流预测。通过智能客流预测的功能，能够实现多源数据融合、基于实时及历史客流数据智能预警大客流事件。

我们可以看到，大数据能够将抽象问题具象化，能够界定目标、厘清内容，依照程序来优选决策方案，让决策变得更为科学。但也要注意，数据本身往往缺乏主观能动性，数据分析结果只能辅助决策，而不能产生决策。

第四章

神通广大的城轨智能交互

一、城轨的实时感知与交互

（一）城轨慧眼识人

新一代地铁闸机大部分安装了人脸识别设备，与我们的智能手机一样可以完成人脸验证，有了这项功能我们再也不用担心手机没电或者公交卡丢失了。人脸识别流程，主要包括图像采集、人脸检测、特征提取和特征比对等（图4-1）。

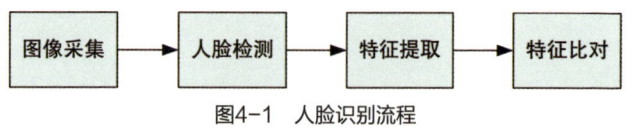

图4-1　人脸识别流程

图像采集模块可以想象为人脸识别闸机的眼睛，通过眼睛可以感知很多事物。对人脸识别来说，图像采集模块至关重要，其取图质量决定了人脸识别的效果。人脸图像采集模块主要分2D和3D两种，地铁场景因为人流量大，对识别精度要求高，一般采用3D结构光设备，以获取更多有用信息用于提升人脸识别精度。

人脸检测模块主要基于彩色图像完成人脸的检测，输出人脸的边框坐标和人脸关键点。人脸是被动识别，导致在人脸没有完全配合好的情况下可能已经抓拍了图像，导致获取的图像质量差、人脸姿态角度大，这类人脸图像均不适合用作人脸识别，因此需要通过质量评价算法过滤掉不合格的图像。而合格的图像基于人脸关键点实现人脸识别的校正。

特征提取是人脸识别的核心部分。人脸存在大量可辨识的特征，利用人工智能技术和大数据对人脸进行特征建模，将人脸图像编码为一组可度量的特征，不仅能减少存储空间，还能提高特征比对的效率。

特征比对将待识别的特征与数据库中已注册的用户特征进行比对，返回比对分数最高的用户ID（identity document，身份标识号），如果比对分数大于阈值则开闸通行。

地铁上线人脸识别功能后，不仅方便乘客出行，同时后台也可以根据乘客的出行数据，自动分析乘客的出行规律，可以为乘客提供更多优质服务，比如提前把人脸特征放到采集设备上，在过闸时快速识别用户，提高通行效率，也可以提前规划、推荐乘客最优的进出闸口，避免拥堵等。

（二）城轨智能对话

1. 城轨智能对话的规划及发展

当前，城轨乘客服务还大量依靠人工来进行处理，使得人力成本居高不下，且工作人员服务水平的参差不齐，也会对服务质量造成不良影响。

近年来，人工智能等技术的发展极大地推动了智能语音技术的快速发展，全国多家地铁公司纷纷开展智能语音相关的探索、试点及应用工作，如北京地铁在机场线上线语音购票功能，广州地铁"十三五"项目建设线网客服平台为车站设备提供语音问询服务等。

2. 智能对话的关键技术

（1）声音采集及信号处理技术。通过前端的麦克风阵列、摄像头与语音模组可完成乘客对话时语音的采集和信号的处理。

麦克风阵列、摄像头采集到的语言信息传送到语音模组后，由语音模组对原始语音进行处理，将处理后的语音文件发送到后台进行语音识别。

（2）语音识别技术。语音识别（automatic speech recognition，ASR）技术是一种将人的语音转换为文本的技术，目标是让机器能够"听懂""写出"不同人所说出的连续语音，是实现从"声音"到"文字"转换的技术。

语音识别技术可以识别多种语音，为保证达到较好的识别效果，语音识别在城轨场景下的识别正确率需要保证在98%以上，并且能够输出多种识别结果和相应的置信度，供用户选择。同时，还需要针对地铁站厅环境定制语音识别场景，保证乘客语音与站厅广播、设备提示声音等其他语音自动分离。

（3）语音合成。语音合成技术（text to speech，TTS）是一种通过机械、电子的方法将文字转化成标准、流畅语音流的技术，让机器"像人一样开口说话"，是实现从"文字"到"声音"转换的技术。

语音合成技术需要根据文字的长度、多音字、符号识别、数字识别、语种识别等多个因素，实时地调整韵律、语速、音调，形成流畅、自然、清晰、断句合理的合成音频。甚至可以根据各城市需求，支持各地方言、不同口音等语音的合成。

（4）自然语言处理。自然语言处理（natural language

processing，NLP）是利用人类交流所使用的自然语言与机器进行交互通信的技术，让只理解二进制语言（0和1）的机器处理人类语言，让机器"理解人的语音"，是实现从"问询"到"回答"的关键技术。

智能对话需要针对城轨场景下的乘客服务内容，人为地不断训练与进行实际应用学习，提高系统智能度，让回答更加准确。

3. AI虚拟数字人

AI虚拟数字人是在语音问询的基础上，结合虚拟形象，打造模拟真人形象的"地铁数字员工客服"（图4-2）。相较于普通

图4-2　AI虚拟数字人

的语音问询，增添了拟人化的亲和服务形象，在与乘客交互时，通过口型模拟，配合表情及动作，模拟真实的员工在为乘客提供面对面的服务。AI虚拟数字人应用灵活，不仅可以在线下车站终端（智能客服中心、乘客自助终端等）进行展现，也可以在乘客经常接触的互联网服务（城轨App、公众号、官网等）上进行展现，提供全方位的服务。

（三）行走中的客服机器人

传统的客服中心由所在站的站务人员提供人工服务，单个车站通常设置1～2个客服中心，但客服中心位置固定，覆盖范围有限，对于面积较大的换乘站、枢纽站而言无法实现较好覆盖。而客服机器人灵活、可移动的特点可有效地弥补固定式客服中心的不足。

1. 客服机器人功能介绍

将客服机器人设置在车站站厅和站台，以客服中心无法覆盖的区域为主，以移动的方式为乘客提供服务，并可在早晚高峰不同时段将机器人安排到不同的位置值守，缓解高峰期的客服压力。

机器人配置驱动控制系统及避障系统，可以在车站内按照规划路径移动的同时，避免与乘客、站内设施或其他障碍物发生碰撞，保障运营的安全。

客服机器人主要交互方式为语音和触摸屏，通过摄像头识别到乘客靠近后，可主动向乘客打招呼。在乘客有服务需求时自动驻停，通过语音、触摸屏的方式与乘客进行互动，功能主要包括：票卡处理、信息查询、站内导航、语音问询等功能。当机器人本身功能无法满足乘客服务需求时，后台客服人员还可以通过远程接入的方式控制机器人，以音频或视频的形式直接与现场乘客进行沟通，解决乘客服务问题。客服机器人还可以承担为乘客引路的功能，如乘客有问路需求，客服机器人可直接将乘客带领到正确的位置。

除此之外，客服机器人还可以通过摄像头监控站内乘客异常情况，通过视频分析算法，辨别站内乘客异常情况，如打架、物品遗失、翻越栏杆等，当检测到异常情况后，直接通知站务人员进行处理，并保留视频内容作为判断依据。

随着AI技术和机器人技术的不断成熟发展，未来的客服机器人不单单只是为乘客服务，还可以承担更多站务人员的日常重复性工作，提高城轨运营效率。

2. 城轨客服机器人应用案例

北京地铁上线的智能服务机器人"阿捷"，可以提供出行查询、实地引导及运营提示等服务，通过语音交互、图像化表达等方式实现人机交流，提供多元化的出行体验。"阿捷"还会通过"乘客宣传"板块展示重要的运营信息、疫情防控举措等内容，方便乘客出行。

深圳地铁20号线、12号线、6号线上线的智能票务机器人（图4-3），通过人脸识别和语音交互功能为乘客提供票卡查询、站内导航、换乘指引等功能。

图4-3 深圳地铁智能票务机器人

（四）不一样的AI巡检员

随着我国城轨设施存量规模的增大，相关的维修养护需求不断增加，既有线路的安全运行、节能减排和高韧性运行带来的压力也随之增大。如何减轻地铁运营管理部门的压力，总结起来就是：重点在防，关键在人，难点在技术。

传统的人工巡检方式落后，不仅工作强度大且效率低、检测质量也无法保障，一个死角和细节被忽略，就可能引发一场严重的事故。此外，巡检业务对人力资源需求量较大，导致运维成本居高不下。如今，巡检机器人的应用有望使这些问题得到缓解。

1. 线路智能巡检机器人

当前，国内大部分城轨线路巡检依然依赖人工完成。以成都地铁为例，每条线路需配置10～20名轨道检修工。为了保障行车安全，工人凌晨进入隧道工作，每小时只能检测5 km，作业效率低，并且存在安全隐患。由于缺乏客观标准、原始数据无规范记录、夜间作业易漏检等多重原因导致检修质量无法保证。

2022年7月，成都轨道交通产业技术研究院与成都精工华耀科技有限公司联合研发的轨道线路巡检机器人正式上线，这是业内首次实现日常轨道检修由传统的人工作业方式向智能机器人自动巡检方式转变（图4-4）。这款机器人检测速度快，待机时间长，可对轨道线路的道床、扣件和钢轨的30余项病害进行检测，能及时发现问题并报送处置。

用巡检机器人替代人工检测，实现了"安全、高效、精准"的轨道巡检，检测效率大幅提高。

图4-4 线路智能巡检机器人

2. 列车智能巡检机器人

对于城轨列车的巡检检修，传统的人工检查常常存在盲区，有时难以提前发现、提前预警。而列车智能巡检机器人现在已经成为地铁巡检的"侦察兵"。以往检修工人要在环境条件恶劣的轨道内作业，如今只要按下启动键，机器人就会循着既定的路径开启作业。识别到疑似故障时，系统会报警通知工作人员进行复检。

列车巡检机器人检测系统，能够替代人工对地铁列车底转向架的紧固件松动、变形、裂纹等故障进行自动检测，适用于车辆日常检修作业，实现自动图像的采集和故障分析、故障的上报和信息的追溯。上海地铁机器人"瓦力"是其中的出色代表（图4-5），据悉，每辆列车有3万多个检测相点[①]，"瓦力"检测一次，耗时约40 min，即便是很隐蔽的一个小异物，也能快速识别出来。据初步统计，它的异物检测准确率可达到98%。

图4-5 机器人"瓦力"正在工作

① 相点：相图中表示构成某个平衡的点。

3. 地铁供电系统智能巡检机器人

地铁电力系统结构的复杂度和电气设备的多样化，给电力巡检带来了较大的压力，经常超负荷的运行也使得电力设备出现故障的概率不断增加。采用人工智能技术对地铁供电系统进行日常巡检，可以辅助工作人员第一时间发现问题，进行针对性的处理，减少安全隐患。

供电系统智能巡检机器人一般用于对车站配电柜的安全监测，其自身具有智能识别图像、全局温度检测、自主联动开启柜体后门、激光自主导航、断电续航、记录异常状态等功能，对数据实时分析、通信传输、接口规范、应用对接配合更加丰富的"感知系统"，可以减轻运维人员"感知"任务的复杂性和操作难度。对机械臂进行远程操控，可实现 7×24 h 不间断、高频率的自主巡检（图4-6）。

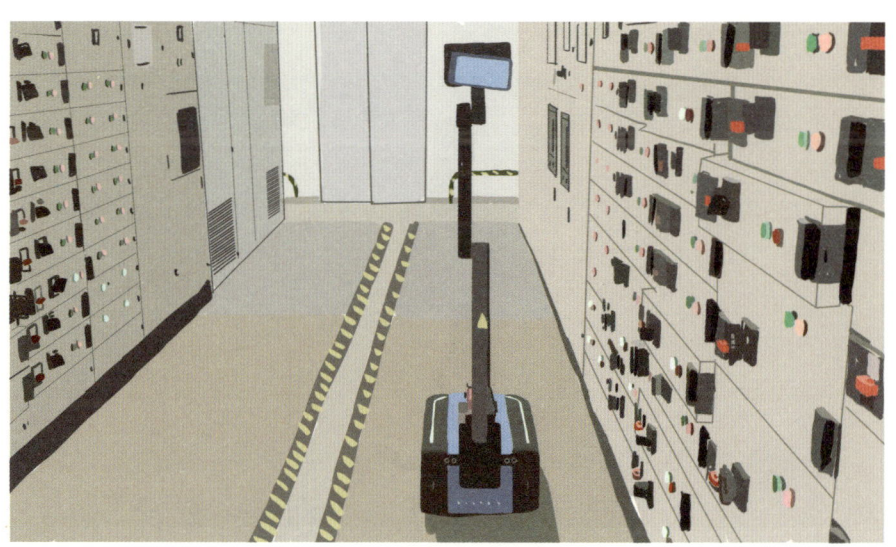

图4-6　地铁供电系统智能巡检机器人

4. 变电所智能巡检机器人

变电所是城轨运行的"能量供给站",为列车和车站所有用电设施设备提供电能。传统运维模式中,工作人员的日常巡检工作通过"一听、二看、三经验"完成。

变电所智能巡检机器人,通过高清成像相机、红外热成像仪、超声波传感器等对机柜设备进行巡视检查,提高了巡检的精准度。此外,变电所智能巡检机器人还可通过读取机柜状态信息,进行数据智能分析,实现实时预警,在安全保障上有了一个质的飞跃。

北京地铁4号线马家堡车辆段应用了变电所智能巡检机器人(图4-7),检测频次由传统的7天1次变为3小时1次,可以比传统巡检更早发现设备异常情况,有效保障了设备的可靠性。此外,由于机器人能够获取数据,并对数据做出分析,一旦出现问题或存在隐患,可以在第一时间尽快做出判断,让数据采集更加有效,更有价值。

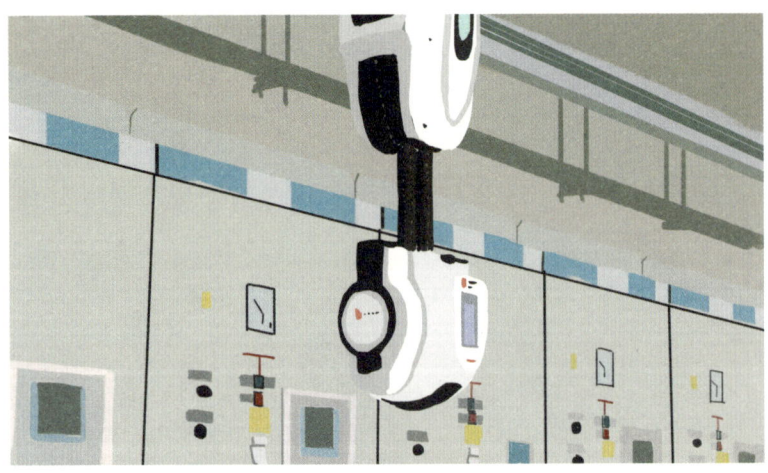

图4-7 变电所智能巡检机器人

二、云边端协同融合城轨"身体"与"大脑"

（一）云边端业务协同

在城轨海量数据的应用场景下，云计算有显著的优点和缺点。云计算具有强大的资源服务能力，但高流量和长距离会显著降低数据传输速度，而且云计算目前无法解决这些问题。这就是为什么边缘计算比云计算具有更多优势的原因（图4-8）。

图4-8　城轨海量数据场景下的云边端业务协同

城轨云可以使用边缘计算来处理对时间敏感的数据，该技术可将关键数据重新处理并定位到网络边缘，减少信息处理的延迟，因此，边缘计算满足城轨需要即时响应的要求。边缘计算和云计算是不同的技术，它们不能也不会彼此替代。云边协同是通过云计算和边缘计算的优势互补所提供的一种全新解决方案。

  云计算模式将大数据计算处理程序分解为无数个小程序，计算工作负载分散在多个服务器上。云计算可以为用户提供近乎无限量的计算资源，也可以提供云存储、云安全、容器服务、高可用的负载均衡、服务托管等服务，是提升可扩展性和实现模块化增长的理想选择。与单台机器相比，分布式系统的容错能力要高得多。成本低、效率高等诸多优点，让云端成为城轨"大脑"，指挥"身体"各部位的协调运行，处理"感官"接收到的数据。

  但是，云计算在处理网络边缘数据时，存在三点不足：实时性不足、带宽不足、能耗较大。边缘计算是在网络边缘执行计算，可以弥补当前云计算存在的不足。边缘计算在靠近数据输入的地方提供计算、存储和网络带宽功能，将原本由中心节点运行的大型服务加以分解，切割成更小与更容易管理的部分，再分散到边缘节点去处理，减少信息处理的延迟。在城轨系统，边缘节点下沉到每个车站并接入车站内部的各种协议设备，处理车站内部的数据和计算，好比人的五官，实时接收外部信息。

  云边协同体现了云计算与边缘计算的优势互补，边缘计算节点距离数据产生的设备端更近，利用边缘节点的计算能力将设备产生的数据进行计算和处理，再将结果上传到云端，既提高了数据的使用效率，也能够减少云端网络的传输压力，相当于"大脑"与"五官"相连的"神经"网络系统。

边缘计算可在短距离内传输最重要的数据，能够节省网络和计算资源。智慧城轨的发展，全自动运行大行其道，为保障列车安全可靠地运行，站级设备和列车终端需要实时做出决策，每一毫秒都很重要，对实时性有极高的要求。

边缘计算把云平台的计算能力下沉至边缘，使得在边缘就能拥有完整的业务处理能力。网络里面有大量的功能在边缘节点可以直接处理数据，满足城轨业务对实时性的要求。另外，由于边缘计算的云边端具备完整的业务处理能力，当云平台发生故障时，通过边缘计算可实现关键业务的降级运行，保障系统安全运行。[8]

（二）边缘智能技术在车站中的应用

随着科技浪潮的兴起，人工智能在各传统产业中都凸显出愈发重要的位置。作为一种将人工智能推向网络边缘的新型技术，边缘智能技术的地位毋庸置疑。

1. 边缘智能技术的概述及基本原理

边缘智能技术利用全新IT基础设施将边缘活动和数据转化为可操作的数据分析，以提供更好的业务成果，优化运维并对产品和体验进行强化。作为边缘智能的基础，边缘计算是在终端设备和云计算中心部署计算单元的一种新型计算范式。

边缘计算架构如图4-9所示，尽量靠近终端节点处理数据，而数据、应用程序和计算能力则远离集中式云计算中心。

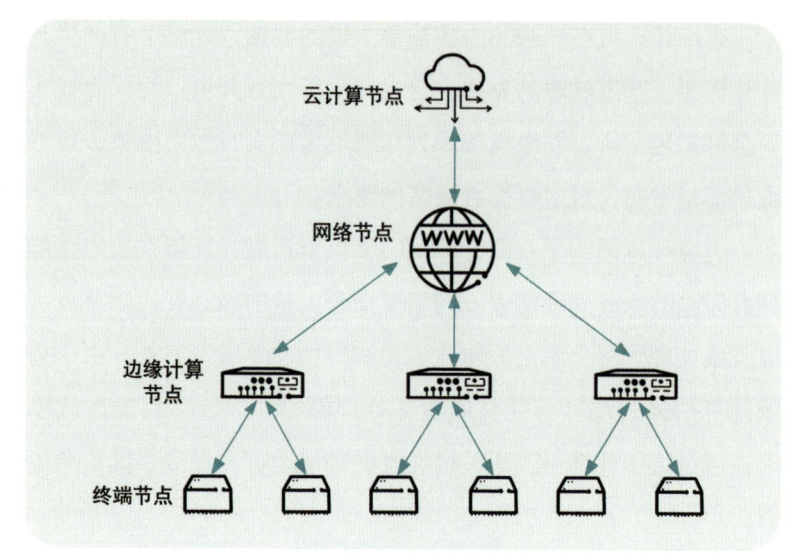

图4-9 边缘计算架构

(1)终端节点:由传感器、RFID(radio frequency identification,射频识别)标签、摄像头、智能手机等物联网设备组成,功能是收集原始数据并上报。在这一层中不需要计算能力,只需提供各种物联网设备的感知能力即可。

(2)边缘计算节点:边缘计算节点通过合理部署和调配网络边缘侧节点的计算和存储能力,使基础服务响应得到实现。

(3)网络节点:上传边缘计算节点处理后的有用数据至云计算节点,再分析处理。

(4)云计算节点:边缘计算层的上报数据永久性存储在云计算节点,但边缘计算节点处理不了的分析任务以及综合全局信息的处理任务仍需在云计算节点完成。云计算节点还能根据网络资源分布动态来调整边缘计算节点的部署策略和算法。

2. 边缘计算赋能城轨建设过程管控

尽管云计算已经让城轨变得越来越"聪明",但更安全、更高效始终是运营的核心目标。随着人工智能、大数据的广泛应用,一些城轨应用场景对低时延、高算力、高信息隐私安全等方面提出了新的要求,即要在合适的平衡点上,进行智能边缘的部署。

边缘计算的先天特性优势,不仅能够有效解决城轨应用对低延时、高安全性的要求,还能利用更多的传感器数据,打破信息孤岛,为轨道交通的智能化赋能。边缘智能通过灵活的计算架构,让人工智能在轨道交通的应用中的效能最大化。

3. 边缘计算赋能轨道交通的运营维护与调度

将边缘智能技术引入轨道交通的信息共享环节,能够解决回传数据导致的主干网络拥塞、回传链路负荷激增、隐私安全等传统集中式信息处理模式带来的问题。

面对大量冗余、庞杂、异构的数据,云计算把握整体,所有数据均要传到中心分析;边缘计算专注局部,聚焦实时、短周期数据的分析,支撑本地实时的业务处理。原始数据保留在边缘侧,也保证了数据的隐私与安全。原始数据在边缘侧执行初始分析,只传递有用数据到云端,从而减少网络负担,降低传输成本。

边缘计算具有低时延、邻近化、大带宽和位置认知等特性,让城轨业务发展更从容,结合敏捷部署,赋能城轨运维和调度的智能化发展。

4. 边缘计算赋能轨道交通升级与改造

目前，边缘智能应用逐渐构建成新生态，成为推动轨道交通行业智能化发展的新动能。

边缘智能凭借其独有的优势，在打破数据孤岛、推进终端智能化、构建高可靠架构方面具有重要价值。边缘智能技术能够满足城轨系统改造升级时的需求，如赋能智慧乘客信息系统、智慧列车运行控制、智慧车站、智能运维等，是推进全方位智慧化转型必不可少的动力。

此外，依靠边缘智能范式的灵活部署优势，通过云、边、端协同及混合计算结合的模式，满足城轨对算力、安全、实时、带宽的需求，而边缘智能的框架则为系统升级改造提供坚实的技术支撑。

5. 边缘计算在智慧车站的应用

（1）车站设备能耗管控。通过安装在设备终端的能耗监测传感器，对能耗状况进行实时监控，而这些传感器具有简单的边缘计算功能，可实现边缘计算在车站设备能耗控制方面的应用。

（2）车站智能视频分析。智能视频采集技术广泛应用于智慧车站，相当于城轨系统的"末梢神经"，将AI能力注入到前端摄像机等边缘设备，在边缘进行视频图像预处理，降低对存储和网络带宽的需求，提高视频分析的速度。因此，利用边缘预处理功能，可以构建基于行为感知的视频监控数据弹性存储机制。仅把精练的结构化有效数据上传云端处理，降低视频流的传输与存储成本，分摊云中心的计算和存储压力。

（3）车站环境舒适度监控。边缘计算技术在环境舒适度监测方面也有应用，车站安装的温度、湿度、光照强度、空气质量等边缘终端传感器，具有简单的数据处理能力，能够过滤、处理重复数据，定时返回监测数据，信息汇聚到特定的边缘计算节点后，进一步处理数据，形成决策，实现环境舒适度调节。

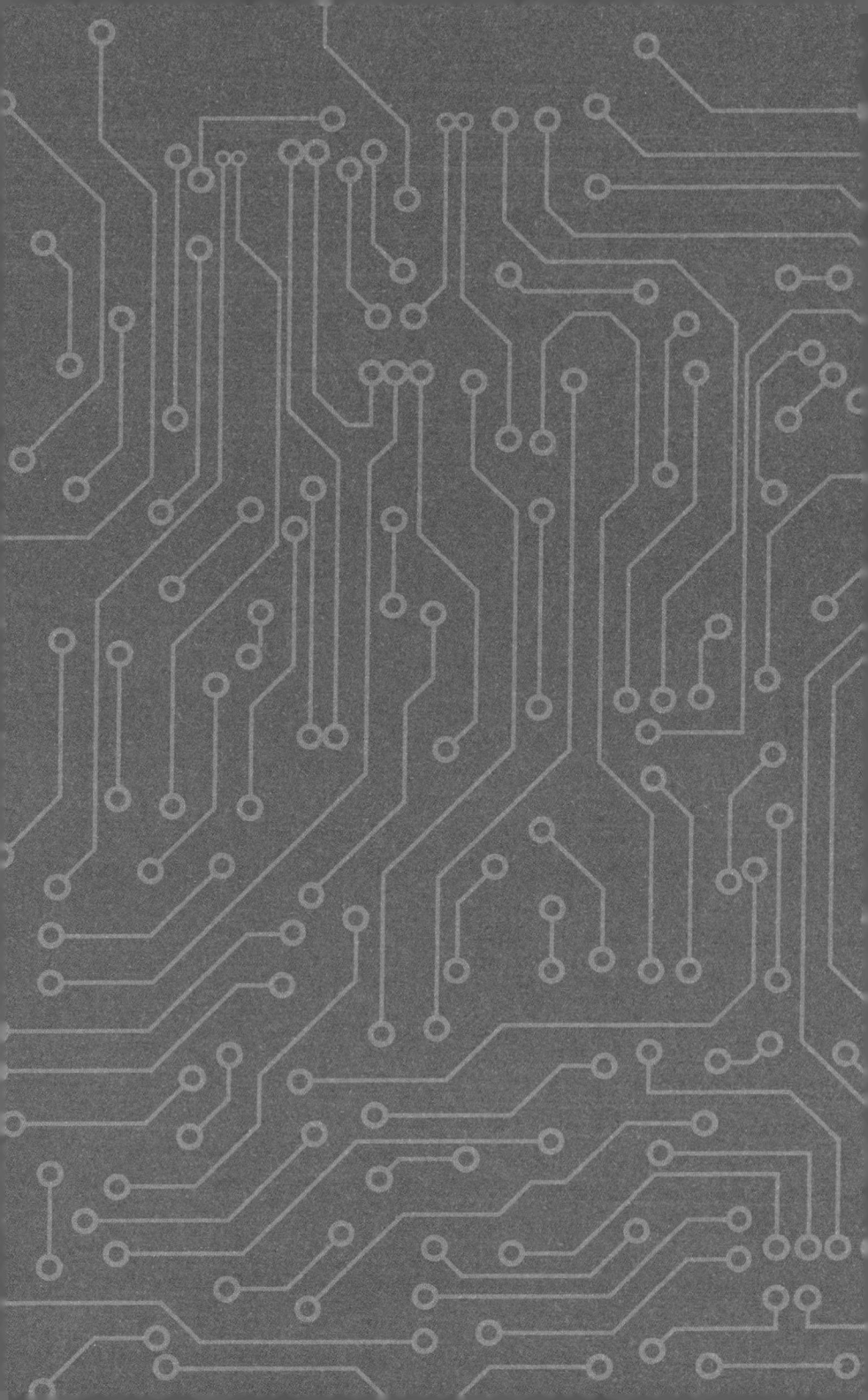

第五章
智慧城轨全场景应用

一、精准便捷的乘客服务

（一）智慧票务

1. 地铁票卡发展历程

城轨大客流产生庞大的票务需求，票务支付方式已从单一的现金支付向多元化移动支付发展。最早开通地铁时，车票以纸质为主，纸制单程票或自动售票机的打孔纸制票、二维码票等都不具备重用性，车票用后处理也较为棘手，易造成资源浪费且不利于环保（图5-1）。

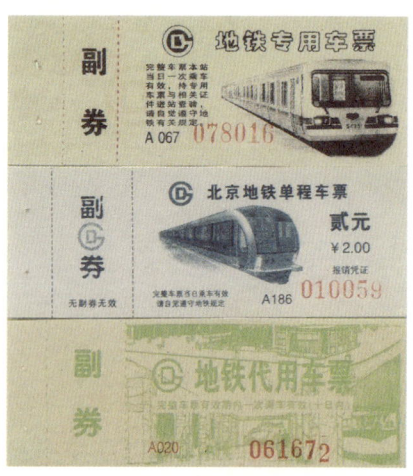

图5-1 纸质地铁票

进入自助售票机时代后，乘客使用现金或者硬币可在自助售票机或人工售票厅购票乘车（图5-2）。

图5-2 地铁单程票

如今,在移动互联网时代,随着我国移动互联网浪潮迅速发展和普及,在票卡支付方式仍然占据主流的当下,二维码、NFC(near field communication,近场通信)、刷脸等新兴支付方式开始进入交通领域(图5-3)。

图5-3 丰富多样的新兴过闸支付方式

丰富多样的过闸方式给乘客带来高效率、高可用、高可靠的便捷乘车体验。

2. 应用现状

(1)地铁自建App支付。2017年11月16日,全国首个乘车码在广州地铁正式上线试运营（图5-4）。之后，全国其他城市的地铁陆续上线刷二维码过闸乘车功能。基本流程如图5-5所示。

图5-4 乘车二维码进站

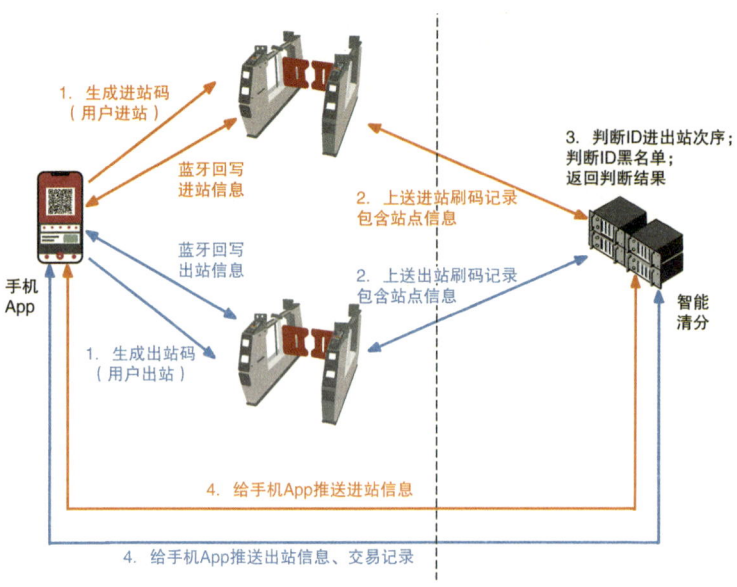

图5-5 乘车码过闸控制示意

（2）交通联合一卡通卡支付。近年来，一卡通的使用让城市间的交通更加方便、快捷，也标志着国内公共乘车票务发展的协同化、一体化、同城化正有序地开展和推进（图5-6）。

图5-6　一卡通卡支付

（3）银联IC卡支付。2016年12月28日，广州地铁全线网开通使用金融IC卡和银联手机移动支付。无论是本地市民还是外地游客，均可轻松"嘀"卡或者手机直接过闸，进一步提升支付和出行的便捷性（图5-7）。

图5-7　银联手机支付地铁乘车费

（4）手机NFC支付。NFC支付是指消费者在购买商品或服务时，使用支持NFC技术的手机等设备完成支付，是新兴的一种移动支付方式。特点是支付的处理在线下进行，不需要使用移动网络，而是使用NFC射频通道实现与POS（point of sale，销售点）收款机或自动售货机等设备的本地通信。

具备NFC功能的手机只需成功绑定银联卡或者城市通卡，然后将手机靠近闸机读卡区域，手机通过NFC模块与闸机建立连接后，闸机就可以按照地铁业务规则对手机虚拟票卡进行读取操作，完成进站、出站、更新等业务流程（图5-8）。

图5-8　手机NFC支付地铁乘车费

3. 发展趋势

一方面《纲要》指出，要重点建设"引导推进基于实名制、个人信用体系的跨平台、跨场景乘车票务服务，利用生物识别、无感支付,提高售检票、乘车智能化水平"。

另一方面移动互联网技术的日新月异为城轨智慧票务多元化支付的改革创新提供了广阔平台,使用虚拟票取代实体票已成为业内共识,也是城轨智慧票务发展的必经之路(图5-9)。

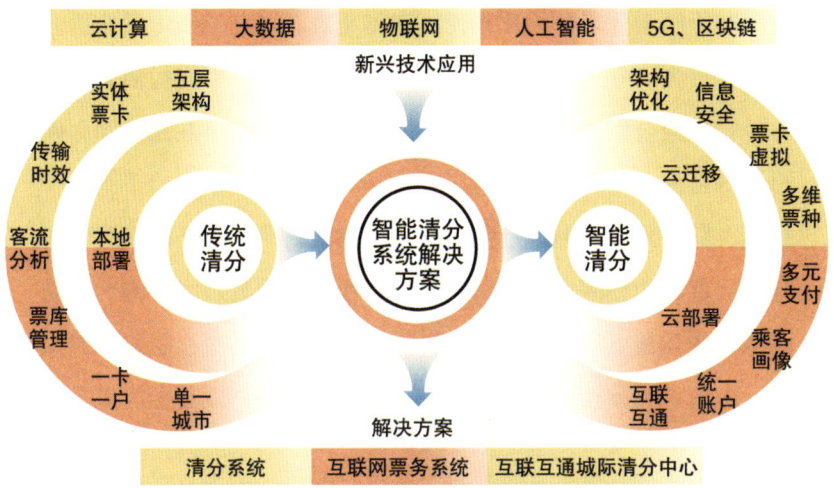

图5-9 票务清分发展趋势

(二)无感乘车

1. 无感乘车简介

在客流量大的乘车高峰期,进出站采用介质票、安检等环节,增加了乘客出行的时间成本,影响通行效率。随着技术的发展,为解决这些痛点,无感乘车应运而生。

何为无感乘车呢?就是利用生物识别技术识别乘客主体,在乘客无接触甚至于不觉察的情况下,完成乘客进站安检、付费等智慧化识别与操作,减少甚至消除乘客进出站的票务、安检等相关过程的实体接触环节,改善出行体验,提升出行效率,实现无感乘车的预设价值目标。

2. 利用AI技术实现城轨无感乘车

虹膜识别技术已广泛应用于安防设备（如门禁），以及有高度保密需求的场所。通过在地铁闸机上安装虹膜识别模块，乘客过闸时眼睛看一下虹膜识别模块即可完成身份鉴定，记录该乘客的通行行为，并通过票务系统完成扣费。虹膜识别支付需要乘客先在特定的自助设备上完成登记注册与身份鉴定，在系统建立帐户后方可使用（图5-10）。

人脸识别技术同虹膜识别技术一样，具有生理特征的唯一性，通过在地铁闸机上安装人脸识别模块，乘客过闸时即可自动完成身份鉴定，记录乘客的通行行为，并通过票务系统完成扣费。人脸识别支付同样需要乘客先在特定的自助设备上完成登记注册与身份鉴定，在系统建立帐户后方可使用。

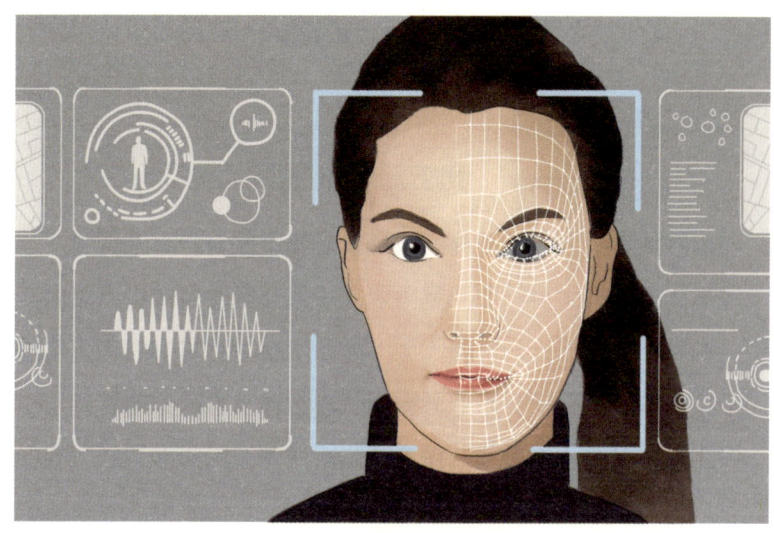

图5-10　人脸识别虹膜识别

（三）智能导引

1. 乘客引导系统简介

乘客引导系统是为了方便乘车，并实时、动态地向乘客提供服务信息及其他相关信息的系统。

城轨乘客引导包括静态导向信息与动态导向信息两类。

静态导向信息主要包括图形、文字、符号和数字在内的各种静态导向标志，主要设置在车站外、出入口、通道、站厅、站台和车辆等处，为乘客提供方向性、警示性和服务性标志的指引。

动态导向信息则是实时发布的导向信息，是对静态导向标志的补充。按媒介形式的不同，动态导向信息又分为视觉信息和听觉信息。视觉信息包括列车到站时刻、到站预告及安全提示、末班车时间等。听觉信息主要通过广播播报列车到站时刻、安全提示、紧急情况下的撤离通知等。

2. AI在城轨乘客引导中的应用

在大客流情况下，为乘客提供准确、及时与有效的引导信息十分重要。乘客引导系统以通信技术和互联网技术为基础，通过末端感知设备持续监控城轨线网的客流、列车时刻表、时钟、视频流等信息，利用人工智能将其中的非结构化数据转化为结构化数据，再结合大数据分析能力，形成对乘车有帮助的信息，并以文字显示、声音、图示、方位指引、警示等多种形式，快速、便捷地向乘客提供全方位导引信息服务。

当前，AI技术的应用对乘客引导的帮助比较明显，主要表现在以下几个方面：

（1）车辆拥挤度显示。利用列车内实时视频数据，通过AI视频的人数统计功能，分析不同车次的不同车厢的乘客数量，将分析数据通过引导系统发送到末端设备，让乘客了解列车的拥挤情况，选择合适的车次与车厢。

（2）车站客流密度显示。利用车站的实时视频数据，通过AI视频分析，实时显示车站的客流密度情况。

（3）通过对乘客及其关联信息进行用户画像分析，了解乘客需求，提供个性化广告信息投放，更精准地提供引导信息，并通过机器学习不断优化投放精准度。

（四）智能客服

1. 城轨客服系统现状

国内地铁站点普遍采用票亭及车控室兼作客服中心。普通车站一般布置2处客服中心，每个客服中心按定员1~2人进行配置，高峰时段客服需求多时，工作相对饱满，非高峰时段则人力资源浪费严重。

2. 城轨客服系统的新模式

随着城轨线网规模的扩大和乘客需求的提高，客服在轨道交通运营中的重要性愈发显著，人工智能技术、手机App等技术的应用有效提高了客服管理水平，也赢得了市场的广泛认可，未来的城轨智能客服系统将形成"智能机器人+人工客服+工单[①]"三

---

① 工单：工作单据，一般是上级部门下达任务，下级部门领受任务的依据。

位一体服务模式,即重复性问题机器人解答、个性化问题人工客服解答、专业化问题工单处理,这将改变传统客服模式造成的人力资源浪费的情况,大幅度提升客服工作效率。

3. 智能客服业务及主要技术

智能客服主要应用了语音识别、语音合成、语义理解等AI技术,通过拟人化语音、文字等方式与乘客进行自然流畅的交互,提供自助终端智能咨询,在线和语音问答、咨询、业务办理等服务。

智能客服系统可通过电话、网页、App及智能终端等多种渠道服务于广大用户,大幅度降低客服成本,提升服务效率。

4. AI技术在城轨智能客服中的应用

(1)计算机视觉用于目标物、问题识别。计算机视觉技术的使用包括以下方面:

①分析、处理数字图像、视频,理解其含义和上下文;

②客服系统可精准识别目标物,并将所有目标物进行归类。

通过计算机视觉技术,智能客服在线系统可将客户查询转到自助服务渠道,以此缓解客服中心的接待量,客户则与视觉助手进行交互,系统指导客户如何解决相关问题。

(2)客服决策支持。人工客服的工作可由客服软件来简化。通过创建动态视觉知识库,帮助客服决策,同时实现企业范围内的知识共享。由于乘客寻求的服务以信息输入为主,以及系统是通过收集乘客询问的问题获得相关业务、服务等需求信息,所以,未来客服中心的工作核心应逐步转向大数据挖掘,获取热点需求,追溯问题的原因等方面,并为业务、服务和流程的改善提供指导意见。

（3）客服管理。人工客服上岗前的招聘、培训等都需花费相应的时间和成本，而且工作的压力和情绪可能造成乘客体验不佳。提高客服中心的工作效率，提升乘客的服务体验，减少运营人力耗费，是目前迫切需要解决的问题。

AI客服智能机器人可以完美解决这一问题，提高客服效率的同时，让客服实现自身价值。典型功能包括：设置呼叫优先级、识别客户、智能推荐搜索引擎、智能客服监控和培训。

（4）客户服务培训。将AI客服中心用于业务培训，可很好地帮助客服完成上岗前的培训工作。另外，基于AI的虚拟客服助理可随时提供帮助，降低客服人员学习基础知识的时间成本。

（五）智慧导航

1. 智慧导航简介

地铁站的室内定位和导航功能的完善，将大幅提升乘客出行体验。室内定位技术还可大力提升地铁站务运营服务。

目前无线室内定位应用较为广泛的有：超声波定位技术、超带宽定位技术、红外线定位技术、Wi-Fi定位技术和蓝牙定位技术、混合现实（mixed reality，MR）技术等。但随着低功耗蓝牙和移动终端等技术的不断发展，基于低功耗蓝牙的室内定位技术凭借其独特优势成为了室内定位的研究热点。[9]

2. 智慧导航关键技术

（1）低功耗蓝牙定位技术。基于LoRa（long range radio，远距离无线电）技术的蓝牙室内定位系统，通过iBeacon（必肯）和基站构建站内定位网络，支持移动端设备实现蓝牙定位。站务人员通过复用蓝牙定位网络，结合定位卡，可以实现对站务人员的实时位置查询、行为轨迹分析、电子围栏等功能。

（2）混合现实导航。通过MR设备直观展现导航效果，用户使用手机App或小程序，通过手动输入、选择或者语音输入确定目的地，配合3D地图信息，获得终点坐标，并基于目标可达的网格信息进行最优路径规划，引导用户抵达目的地。MR导航在封闭式复杂环境下可大大提高导航精度及导航应用的灵活性。

3. 城轨中的智慧导航应用实例

广州天河智慧城示范站建设中，经过一系列的需求调研、技术比对，最终采用低功耗蓝牙的定位技术，实现站内室内定位与室内导航的应用，并通过App的方式向乘客或站务人员提供导航服务。

（六）智慧招援

智慧招援，是为乘客提供及时援助的智能化服务。乘客从进站、乘车到出站的全过程中，遇到的问题是复杂多元的。虽然智能客服减少了人工客服的成本投入，但仍有很多问题需要人工客服介入，这对客服响应速度和服务质量提出了挑战。

面对智能客服暂时无法解决的问题，智慧招援可以通过视频分析技术，结合用户画像、知识库、网络爬虫、大数据语义分析等技术实现"慧眼识人"，做到灵活应变，恰当对话。如语音识别方面，智慧招援从最初的普通话识别，逐步进化到可对多国语言和地区方言进行识别，周全地照顾到更多乘客。

智慧招援的落地，还衍生了多类型机器人的应用，客服的载体从人工客服演变到实体机器人，让乘客在不同场景下便捷地连接客服。乘客能够通过微博、微信等App随时随地接入客服，使得客服如影随形般地存在。乘客还可通过车站、列车上的客服终端，与客服人员直接连线，更加直接地解决问题。

随着算力持续提升，人工智能、元宇宙等技术创新逐渐聚合，已经有虚拟形象AI客服出现，进一步提升了乘客服务的智能化水平。

（七）智慧便民

智慧便民，包括无障碍预约乘车、失物招领管理、信息统一发布、突发事件引导、多语种智能机器人、便民生活服务查询和推送、物品借存、智慧边门等服务，其宗旨在于对服务细节进行打磨优化，让服务更加人性化。

以智慧边门为例（图5-11），智慧边门系统支持人脸识别、刷卡验证、掌静脉验证、密码验证等多种方式，可实现内部员工刷卡或刷脸通行，特殊人群由站务人员兼顾处理，通行记录后台实时更新。实现快捷无感通行的同时，还提高了通行效率以及通行的安全性。

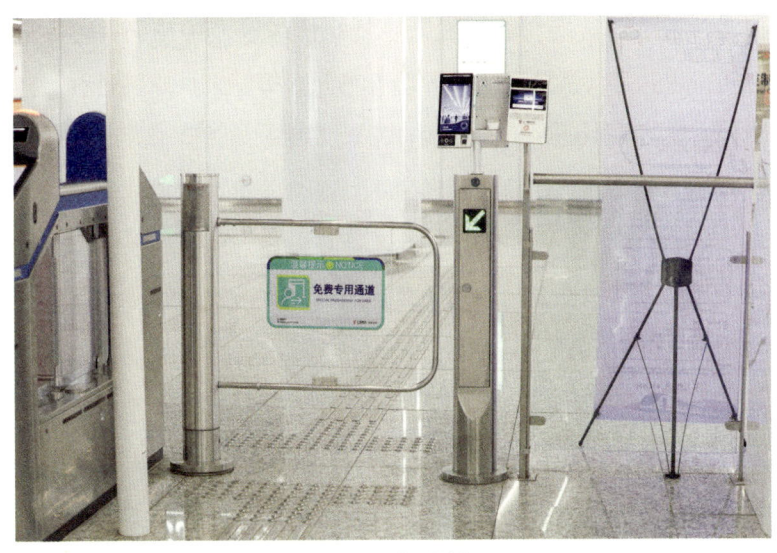

图5-11　智慧边门

二、全面高效的智能安防

（一）智慧安检

1. 初识城轨安检

城轨安检系统与机场、高铁站所应用的安检系统类似，包括人检与物检两个方面，主要检查乘客及其行李中是否携带危险物品，避免对其他乘客造成伤害。

目前城轨主要采用安检机对行李进行检查（图5-12），人员安检主要采取通过式金属探测门、便携式手持金属探测器贴身扫描，安检员手工辅助检查，这种安检模式容易导致高峰期客流拥堵、造成乘客滞留、引发乘客抵制情绪等，存在一定的改进空间。

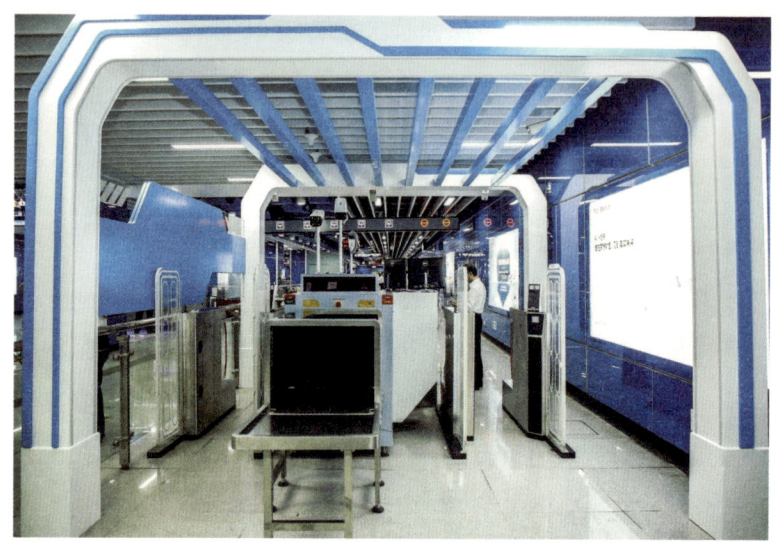

图5-12　地铁安检机

2. AI技术在城轨安检中的应用

早期的安检普遍采用人工识图，对安检人员的经验、技能及体能要求高，个体检查工作的质量差异大，容易出现漏检；另外，地铁安检点多且范围广，需投入大量的安检人员。

随着AI技术的发展，图像识别逐渐应用于X光机的危险物识别。通过人工智能训练的模型，对常见的危险品（枪支子弹、爆炸物品、管制器具等）进行初步识别、筛选和定位，精准地输出违禁物品标注信息，通过在X光图像上的标注提示安检员进行重点识读和判定（图5-13）。借助人工智能的技术手段，可有效帮助判图员更快定位关键区域，极大减少漏判情况，有效提升安检质量。

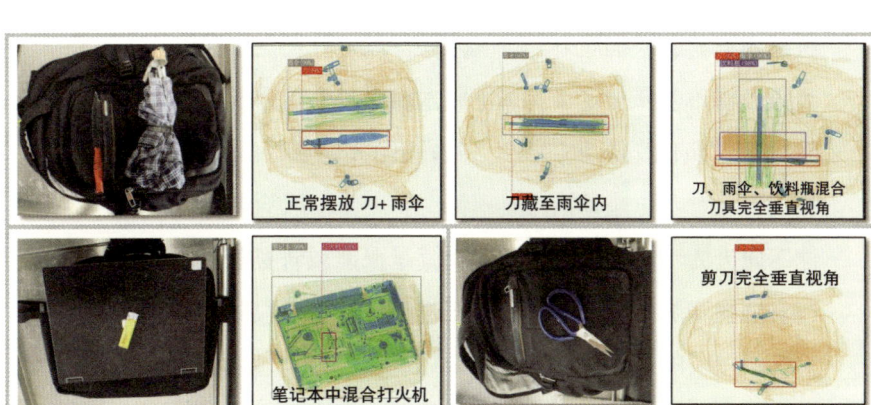

图5-13 AI在智慧安检中的应用

智慧安检系统逐渐由区域化安检模式向网络化集成模式转变，采用计算机集中判图的模式，改善传统安检模式的功能单一、设备离线、人力分散、人工判图、人物分检等业务瓶颈问题，向空间节约化、功能网络化、判图智能化、乘客识别精准化、安检无感化的模式发展，构建"一站式、智能化"安检服务。

（二）智能安防

1. 城轨安防现状

从广义上说，城轨安防措施涵盖人、设备、信息网络、数据等多个方面，但数据与信息安全通常不包括在常规定义的安防领域内，所以这里讨论的城轨安防集中在乘客与基础设施设备方面。

在传统地铁运营业务中，安防业务并未建立单独的应急预案模块，诸如安防事件分类、业务流程、关联设备也未建立相应的预案体系。在系统规划上,安防硬件设备种类众多,统一接入管理的需求还未完全定义。以上因素使得各安防业务系统之间难以与运营业务有效联动,日常应急方案工作全靠人工执行,受此影响使得现有安防业务执行效率低、易出错、风险高。[10]

先进的安防手段和信息化系统是保证城轨安全的基础。如何建立城轨安防系统体系,打造先进高效的综合安防管理系统已成为城轨领域的重要议题。

2. 城轨安防的主要技术

(1)视频监控技术。视频监控是较早应用于城轨的安防技术,早期的视频监控只进行关键位置的视频监测与视频存储,便于及时发现问题或回溯问题。随着视频数字化发展,前端摄像头清晰度不断提升,给智能视频分析提供了技术条件。基于视觉分析的安防技术涉及利用视频监控技术探测、监视设防区域,实时显示、记录现场图像,检索和显示历史图像的电子系统或网络系统等。

城轨安防的智能视频分析应用领域包括入侵报警、出入口控制、异常行为识别、用于特定人员搜寻的人脸识别等。

(2)门禁管理系统技术。门禁管理系统可以控制关键区域的人员出入,还可准确记录和统计出入人员相关数据,解决城轨重要场所的安全问题。通过安装门禁控制器、密码键盘、人脸识别等终端装置,对进出特定区域的人员设置分级权限,有效保证授权人员自由出入,限制未授权人员进入。

(3)安全检查及探测技术。安全检查及探测主要包括对乘客及其行李是否携带危险品的检查,对公共区域有害气体的探测等。

（4）入侵探测技术。入侵探测主要是利用红外光、微波、超声波、视频分析技术，对进入特定区域的人员进行探测，实现对需要安保管控的场所进行入侵监测。

3. AI技术在城轨安防的应用

安防系统作为城轨运营的重要组成部分，伴随着云计算、大数据、物联网、人工智能等技术的发展而不断进步，其智能化程度不断提升。AI技术应用到安防的各环节，尤其在视频分析方面应用较为广泛，主要有以下几个方面：

（1）视频智能分析。视频智能分析是计算机视觉技术的运用，前端设备采集视频源后发送给AI视觉系统，系统运用由图像处理操作及机器学习组成的序列，将图像分解为便于管理的小块任务，AI视觉系统通过智能分析技术，识别出视频源画面中的内容，并结合云计算和大数据分析，做出思考和判断，实现如特定人员搜寻、入侵报警、异常行为分析等安防应用。

（2）机器学习。机器学习是从数据中自动发现关联，而关联一旦被发现便可以做预测，处理的数据越多，预测也会越准确。AI视频分析具有自学习和自适应功能，可根据不同的复杂环境，将视频中的干扰目标自动过滤，从而提高准确率。

（3）大数据挖掘。大数据挖掘可以利用不同的算法深入挖掘视频数据，对视频数据中不同属性的事物进行检索、标注、识别，降低人工成本，提高工作效率。为提高识别准确性，AI算法需要通过持续训练不断完善认知。

（4）全域化多元化。AI视频在融合智能分析技术后，可以突破地理位置和时空环境的限制,实现AI视频安防的全覆盖。通过AI视频分析实现入侵报警、边界防范、不文明行为分析、安全巡检、火灾报警等功能。

(5)特定的图像识别。城轨安防的主体是乘客,基于AI视频的生物识别技术融合计算机、光学、声学、传感器、生物统计学,利用人体固有的身体特性如指纹、人脸、虹膜、掌静脉、声音、步态等进行个人身份鉴定,目前已在城轨安防中广泛应用。

(三)智慧应急

城轨作为重要的民生工程,安全是头等大事,任何环节出现问题都可能酿成重大公共安全事件。

随着城轨逐渐成网,线路之间关联度越来越高,对相关设施设备、人员、事件等安全监测的需求不断提高。随着城轨智能体的发展,人工智能等新兴技术在智慧应急领域也逐渐成形。

智慧应急系统基于人工智能、5G、大数据等新一代信息技术,围绕"风险、隐患、险情、灾情"的演变过程和应急管理全链条,依托"智慧城轨大脑"构建"城轨应急大脑",提升城轨安全风险发现、防范化解、管控的智能化水平,为应急管理提供有力支撑。

智慧应急系统基于"城轨智能体"的一体化设计理念,可以简化和管理复杂的环境,各智能系统既可协同作业,也可作为独立系统运行。

智慧应急系统通过智能连接,将分散在各专业系统的设备运行状态进行充分融合,实现对各类应急事件的泛在感知。依托城轨"大脑"持续演进的应急处置能力，提供涵盖列车、车站和车辆段的应急管理场景应用，面向运营安全、灾害检测、生产安全、疫情防控等应急场景，提供一体化的解决方案。

智慧应急系统通过对异常状态的及时感知，可大幅提高应急处置效率，实现对传统运营管理模式的优化，逐步实现智能感知、智能流程、智能决策，降低生产人员工作强度，节约安全管理成本，实现AI对城轨的应急管理赋能。智慧应急系统还可结合大数据分析手段，为城轨运营提供数据支撑，提升乘客体验及运营安全性，辅助运营决策。

例如，长沙地铁6号线基于智慧地铁平台构建的应急智能监测预警系统，支持对各车站的实时客流态势进行监测，超过既定阈值时，应急管理界面可即时发出警报声，并与车站视频画面实时联动，提示车站及时处置。

发生突发事件时，智慧应急系统可提供专业灾害计算模型，通过集成专业的事故后果分析数学模型，模拟火灾、爆炸、气体泄漏等事故，开展基于"情景—应对"的事故应急推演。在系统中输入灾情发生的位置、特性，结合气象信息，通过数学模型分析事故的关键数据，可视化地展示模拟分析的结果。辅助划定撤离范围和疏散路线，提升突发事故的抢险救援效率。

应急事件处置完成后，智慧大脑通过对处置过程的相关操作及结果进行保存和评估，反哺应急事件智慧处置模型的持续进化。

基于视频智能分析等人工智能技术和大数据技术的城轨智能体将与应急管理事前、事中、事后等过程中的业务相融合，为预防风险、排除隐患和应对事故提供重要支撑，最终提高城轨应急管理的智能化水平，提升抵御各种灾害的能力。

三、智能高效的运营组织

（一）智慧客流

1. 背景介绍

城轨具有载客量大、舒适性高、准点性好、票价便宜等优势，逐渐成为市民公共交通出行方式的首选，以城轨为骨干的城市公共交通网络逐步形成。

城轨建设以地铁建设为主，地铁承担了中心城市40%～60%的公共客流，年总客流量从千万级到十亿级分布。从日客流量的性质来看，通勤出行在居民出行中占比较大，在工作日易出现潮汐现象的大客流，而在特殊的日期节点以及突发事件节点，往往还伴随着突发大客流。大客流带来了人员的聚集，并伴随着冲撞、踩踏等客运风险。不管是常规客流还是大客流状态，保证乘客出行安全是地铁运营的首要任务，客流控制在日常运营中成为关键的一环。

2. 传统客流预测的痛点

客流量是城轨规划、建设、设计、运营各个环节的重要依据，也是日常运营进行客流控制的重要参考数据。因此，客流预测的准确性直接决定了运营的效率（图5-14）。

图5-14 地铁的大客流量

传统的客流预测是通过对近期（1~2个月）的城轨线网、线路、车站以及区间的客流变化趋势进行分析，基于分析结果提前制定应对不同客流情况的线路行车组织方案、客流组织方案、常态化限流方案和车站客流引导策略。这种方法对日常运营的客流控制起到了策略引导的作用，但在实际实施过程中，往往无法应对突发的紧急大客流，只能通过短时间限制乘客进站的方式进行客流控制。

造成以上情况的原因有3点：

（1）轨道交通线网的客流监测能力不足。仅依靠AFC系统统计客流情况时，很难判断乘客的出行过程，无法准确掌握乘客在交通线网内的分布情况和动态信息，导致对轨道交通站点、线路和车厢客流拥挤程度的感知存在滞后。

（2）缺乏对突发大客流的准确预测手段。因无法准确预测突发大客流发生的时间和地点，所以，制定的预案在实施时是被动式的，导致预案的实施效果无法达到预期，极大地影响正常运营秩序。

（3）缺乏对客流的精准管控方法。大客流已经发生的情况下，运营人员无法对客流聚集点进行风险管理和分级控制，不仅影响了人力和运力的有效配置，造成资源浪费，同时也影响了对大客流的有效控制。

3. 智慧客流

随着5G、AI等新一代信息化技术的广泛应用，为解决当前轨道交通运营中的痛点，智慧客流应运而生。

智慧客流通过应用新一代的信息化技术，实时采集客流检测数据，深化数据分析，从而智能调整运力。客流异常时可启动客流控制预案，主动引导乘客出行。通过智慧客流管理，经验化、被动式的客运组织逐步转变为智能联控的车站客运联控模式（图5-15）。

（1）赋能客流预测，实现精准客流控制。利用"5G+边缘计算""5G+前端摄像头""大数据"等技术采集实时客流数据信息，对所采集数据进行分析，利用AI数据模型实现对车站站点客流、线路客流、线网客流、区间断面客流进行预测，输出每5 min、15 min、30 min等不同时间范围的实时客流预测数据，提前感知车站、区间以及线网的大客流风险，并实时在综合调度屏

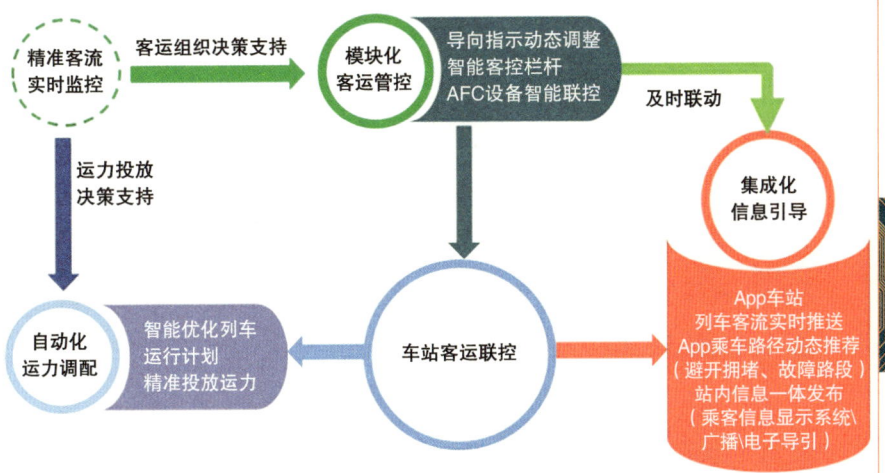

图5-15 智能联控的车站客运联控模式

上进行展示和预警。

智慧客流不仅可以实现客流量数据预测,还能通过大数据分析手段,提前感知某一段时间范围内客流的流向。基于以上大客流的数据信息,运营管理人员可以实行更精细化、更具针对性的客流管控措施,提高车站管理效率,提升乘客满意度。

同时,通过"5G+边缘计算""5G+前端摄像头"的技术手段,智慧客流还能实现对乘客异常行为的监测、预警及应急处置,降低大客流情况下突发事件带来的危害。

(2)赋能运力调配,实现精准运力协同。利用智慧客流的数据收集、分析功能,能够根据预警信息,及时调整列车运行交路、停站方式,还可根据客流情况决定是否加开临时列车,进行应急预案的启动、修改,列车调度组织的方式从固定运能转变为根据客流需求提供运能,由被动变为主动。

同时，根据智慧客流的预警信息，可按需进行人员调度，完成客流管控工作，降低单站点的人工负荷。

（3）赋能信息系统，实现乘客出行诱导。当启动应急管理预案时，地铁运营及时通过社交平台、App、车站PIS、广播系统等发送相关信息（包括客流实时拥挤情况、列车路径变动信息和路径选择信息、客流管控信息）对乘客进行出行引导，提升客流管控的效果。

（二）智慧调度

1. 行车调度

行车调度以列车运行计划为基本任务，包括运营监控和行车组织、行车调度的高效、及时，保障了轨道交通的运营安全。

轨道交通运营为了适应早晚高峰的大客流量，通常会加开列车，或形成大小交路的列车运行方式，防止因某站客流积压（特别是换乘站）而造成客运组织事故。

轨道交通列车每日运行严格执行提前制定好的"列车运行图"。但在现实中，往往无法将提前编制的"列车运行图"与波动变化的客流密切匹配。

智慧调度则以乘客的出行需求为出发点，及时响应客流的变化，实时调整行车调度计划，达到运力效能最大化，节约运输资源。

2. 实现方式

（1）构建四级调度系统。智慧调度通过构建网络化智能运输组织体系、线网运营调度（应急）指挥中心、线路运营调度控制中心以及车站综合管控平台，通过线网的精准运输策划和灵活行车组织、线路的智能调度控制、车站的智慧车站运管，将集约化调度指挥、分级化命令执行、智慧化调度控制合成一个有机的整体，其区别于传统的一线一调度、信息难共享、资源利用低的调度指挥方式，使轨道交通线网的运能运量精准匹配、线网运输互联互通、乘客出行快捷便利、网络化运输组织高效，为跨线运营提供了有利的行车条件。

（2）实施高效智能调度。

①列车运行图编制。指挥调度能够借助客流预测数据，结合提前感知的客流态势与本线网现存的列车数量、设备以及可用人力资源，进行线网列车运行计划全流程的自动编制、模拟、调整、导入、下发和评估，实现实时协调线网运能适应客流变化，提高列车运行图的编制效率和执行效率。

在突发故障或其他紧急情况时，为了保证站点、线路、线网的运输组织能够安全、高效、平稳地运行，指挥调度可以实施实时列车运行计划调整。在进行扣车、越站、掉线、变更列车交路等运行方式调整后，指挥调度可以联动ATS（automatic train supervision，列车自动监控）系统及时将调度命令发布到列车和车站处，及时进行综合指挥调度，减少车站和列车的失误操作，提高运营和行车的安全性。

②列车运行监控。指挥调度可以打通ATS、ISCS（integrated supervision and control system，城市轨道交通综合监控系统）、车辆故障报警及列车运行异常信息，出现异常时及时报警，联动ATS、CCTV、调度通信，快速排查和定位故障，提供应急行车

调整策略、系统联动建议、应急预案启动建议等信息，缩短故障响应时间，提升行车故障应急处置的能力及轨道交通行车的安全性。

③调度信息共享。调度指挥通过组织架构变化、计划智能编制、专业系统联动，改善了传统运营存在的数据孤岛、信息离散、平台封闭、响应被动、决策失当等问题，综合增强了多态场景应用能力，满足数字化、网络化、智能化的运营品质要求，并不断适配线网发展产生的新需求。同时，智慧调度与智慧乘客服务的需求相协调，全面构筑了轨道交通精准高效的运营管理体系。

（三）智慧列车

在城轨数字化转型进入深水区的过程中，城轨运行控制系统与新兴技术逐渐融合，加速迈向智慧化。以车地联锁和车车协同的方式达成更安全、更高效、更经济的目标，最终构成了具有自主采信、学习、决策能力的智慧列车。

智慧列车运行以增强列车自主控制能力、减少轨旁设备、提高设备利用率和列车控制效率为目标，同时考虑采用降级、后备等措施保障列车运行安全。通过研究应用全自动运行、车车通信、全电子联锁、互联互通、智能编组、智能ATO（automatic train operation，列车自动运行）和列车主动式障碍物检测等技术提高列车的自主化、智能化控制程度、运行舒适度和运输组织效率，减轻运营维护人员工作强度。

1. 列车全自动运行

列车全自动运行是基于现代计算机、通信、控制和系统集成等技术实现列车运行全过程自动化的新一代城市轨道交通系统，无须人工操作和确认。列车站间行驶、到站停车、自动开关车门、自动发车离站、自动回库、自动洗车、自动休眠等全部实现全自动运行管理。

在未来，全自动运行系统不仅可以在本线实现，还可能实现跨线运行（不同线路之间）、共线运行（多条线路在某段交会形成单条线路）和越行（同方向行驶设置双线，其中一条是越行线，此线列车经过不停靠）的互联互通。

2. 新一代车地通信

车地通信指的是列车车载设备和轨道、轨旁设备之间的通信，新一代车地通信通过加强列车对于行车空间和车上空间的信息、环境感知能力，增强列车自主控制性能，从而提升车辆的轨旁设备利用效率。

3. 列车智能编组

目前，地铁列车最常见的编组制式为6辆编组和8辆编组，编组制式主要取决于本线客流量、车站长度等因素。列车智能编组采用列车协同编队技术，即基于列车间的信息交互与感应，通过虚拟连挂技术实现两列或多列列车灵活编组、区间速度趋同、同进同出站台的编组技术，协同编队技术可实现列车或列车间的灵活编组，从而实现本线路最优的列车协同控制，提高运行效率。

4. 列车运行健康管理

列车运行健康管理通过大数据趋势分析、智能辅助决策等手段，可以实现列车的远程故障诊断、地面设备监测数据的分析、列车近远期的故障数据统计分析、列车的健康状况评估，形成列车诊断的知识库，从而帮助运营管理人员、维修人员对列车的运行状态、维修需求状态以及故障部位进行实时监控，保证列车的安全运行。

（四）智慧车站

车站是城轨线网的一个重要节点，客流量大、设备聚集，造成安全隐患的因素繁多，因此，智慧车站建设势在必行。地铁运营为了提高乘客满意度，降低人力成本，增加了许多新型的设备，例如人脸过闸、语音自助服务终端、小包无感通行智慧安检门、智能客服中心等，这些设备就是智慧车站建设的组成部分。

智慧车站的智慧化是集全面智能感知、深度数据融合、高效数据治理理念于一体，利用深度学习算法、视觉计算和大数据分析等信息化技术手段，为车站的管理、运维、乘客服务、应急处置提供新的数字化、网络智能化的应用，提高设备的安全性和可靠性，提高车站运营管理效率和乘客的满意度。下文的主要内容是智慧车站在乘客服务方面带来的新变化。

1. 多样化的咨询服务

（1）智能资讯。传统的车站乘客服务，乘客只有到站才能了解车站、线路、目的地的相关信息。在智慧车站模式下，咨询服务覆盖到了乘客进站前、进站、乘车、出站、出站后的乘车出行全流程，能够通过线上、线下两种方式推送相关信息。乘客进站前，能在线上通过车站客服助手、客服热线、地铁App等方法了解到入口的导航信息、动态路线信息、车辆到达信息和乘车拥挤信息，实现出行前信息的提前获取（图5-16）。

图5-16　乘客全方位实时掌握车站资讯

（2）智能导向。乘客在进站后，可以通过电子引导屏、站厅信息屏、站台门信息屏、出入口显示屏、设备导向屏来获得车站引导信息、车辆到站信息、车辆拥挤度信息以及广告信息等（图5-17）。

通过线上的信息智能推送和查询，线下智能设备的自助服务，智慧车站为乘客提供多样化的信息获取方式，实现智能化自主服务。

（a）电子引导屏　　　　（b）站厅信息屏

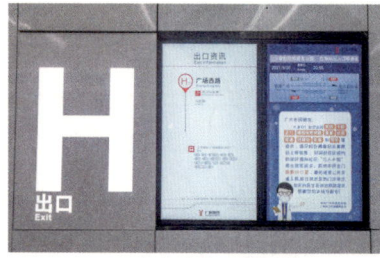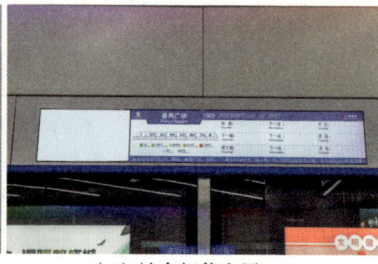

（c）出入口显示屏　　　　（d）站台门信息屏

（e）设备导向屏　　　　（f）广州地铁App

图5-17　智能导向设备

2. 多元化的票务服务

智慧车站的智能售检票系统对购票方式和验票过闸方式，提供了区别于传统单一票卡过闸的多元化票务服务。

乘客可以通过手机地铁App、乘车二维码等互联网票务方式获得车票，还可以在站内通过售票设备以现金、互联网支付的方式进行购票，购票方式可以选择触屏点击交互购票，也可以选择通过智能语音交互购票。

同时，乘客可以在智能客服中心或者地铁App录入自己的人脸信息，在进站安检后，直接通过新一代的人脸识别智慧闸机通道，进行刷脸过闸。

3. 集约化的安检服务

智慧车站安检服务通过智能识图和集中判图的手段，提高了地铁安检的效率和安全性，优化了乘客的乘车体验。

在集约化的安检服务下，携带小包或无包的乘客可以选择快速安检通道，减少进站步骤，实现进站和支付一体化，加快进站速度，减少进站拥堵风险。

未来，智慧安检将实现乘客无感化的进站安检服务，即携带行李的乘客无须将行李放进安检设备，直接携带行李通过某一段安检区域即可完成进站安检过程。

4. 生活化的增值服务

在未来，乘坐轨道交通不仅是一种出行方式，更是以公共交通为导向的城市空间开发模式下的一种生活方式。智慧车站从乘客需求和车站商业发展需求两方面出发，为乘客提供精准、便捷、舒适的出行方式和生活方式。

（1）智能数据精准定位。智慧车站通过互联网数据、商业活动数据和乘客刷卡数据，能够分析出本站、本线路、本线网乘客的通勤情况、热点关注信息以及出行兴趣信息，让作为线网节点的轨道交通车站成为行程数据、消费数据的沉淀场所，从而能够精准定位人群需求，提供精准的商业服务。

（2）商业模式精准开发。通过对乘客需求的精准定位，智慧车站可以进一步进行车站商业模式分析，如入驻品牌的分析、商业活动的策划分析、广告开发的效果分析、商铺的定价分析等，形成一个以数据运营为核心的商业生态圈，创造一个由招商、广告、策划、评估等构成的闭环商业服务体系，实现从发现需求到引导需求的轨道交通商业化运营模式，为乘客提供增值生活服务，为轨道交通运营开发新的营收模式。

5. 智能设备

（1）智能客服设备。

①智能客服中心。智能客服中心替代了原车站的乘客服务值班岗亭，乘客可以通过智能客服中心进行票务、客服的自助操作，该终端设备支持扫码支付、掌静脉及人脸生物信息注册、免费通道注册等其他自助功能，可以实现"无人化运营"，即无须站务人员常驻，乘客可按照指示操作完成客服和票务服务（图5-18）。

图5-18　智能客服中心

②智能咨询终端。智能咨询终端最大的功能特点是可以实现语音咨询、远程客服和周边信息查询（图5-19）。

图5-19　智能咨询终端

终端可咨询的信息包括运营告示、紧急信息、宣传信息、换乘信息、车站周边信息等。当乘客通过智能咨询终端请求客服服务时，可以通过虚拟智能客服或人工远程协助实现。

③乘客自助终端。乘客自助终端同样具有智能客服功能，不仅如此，其还具备票务处理和掌静脉、人脸生物信息注册的功能，是智能客服中心的缩减版（图5-20）。

图5-20 乘客自助终端

（2）智能票务设备。

①智能售票机。智能售票机是自动售检票系统的重要终端设备之一，设立于车站非付费区，用于乘客自助购买单程票，支持一键购票和语音购票功能，同时支持现金和非现金支付（图5-21）。

具有类似功能的还有智能云购票机，但是该设备仅支持非现金支付（图5-22）。

图5-21　智能售票机

图5-22　智能云购票机

②智能通道闸机。智能通道闸机是实现生物信息过闸功能的重要设备,支持无线射频、二维码、人脸及掌静脉识别等多元支付手段及票务体系。在传统闸机上加装人脸识别模块,也可以实现人脸过闸功能,和智能通道闸机一样可接入后台管理系统(图5-23)。

（a）智能通道闸机　　　　（b）传统闸机加装人脸识别模块

图5-23　智能通道闸机与加装人脸识别模块的传统闸机

（3）智能安检设备。

①人检设备。人检设备包括人脸抓拍摄像机、综合安检门、快速安检通道、快速手持金属探测器。乘客通过安检时，安检点布设的人脸抓拍摄像机会进行人脸抓拍和识别，完成身份证比对。综合安检门和快速安检通道能够同时实现智能体温检测、背包检测和随身携带的小金属物件的检测（图5-24）。

（a）快速安检通道　　　　（b）综合安检门

图5-24　人检设备

②物检设备。物检设备包括X光机、液体检查仪、爆炸物探测仪、智能开包台等,用于对乘客的大件物品进行安全检测。图像智能分析仪和集中判图工作站则用于实现智能识图和集中判图。

四、数据驱动的智能运维

(一)昂贵的城轨运维

1. 传统城轨运维模式

针对城轨各子系统的特点,为确保系统的可用性,当下的维修模式以专业"检""修"为主,采用定期巡检和故障维修的模式,结合改进型维修模式的综合维修体系。在"天窗期[①]"对基础设施进行周期性检查,检查的方式以人工为主。

随着互联网技术的发展,许多城轨公司陆续为各专业运维开发了繁简不一的信息化系统,但开发水平参差不齐,延续了过去的问题。传统城轨的运维痛点问题,是多方因素的综合结果,我们在寻求解决方案的时候,需要的是综合、立体的方案。

2. 传统运维模式的痛点

(1)运营规模持续扩大。近年来,我国城轨交通新开通运营线路里程持续攀升,已达到近10 000 km的规模。据交通运输

---

① 天窗期:指没有任何列车运行的时间。

部数据显示，2020—2022年的3年间，我国城轨交通新增运营线路共计95条，新增运营里程合计3 255.3 km，年均开通运营里程超过1 000 km。城轨已然由重建设转变为建设、运营并重的阶段，由此带来的变化就是城轨运营期资源占比持续走高。

（2）运维成本高。中国城市轨道交通协会发布的《城市轨道交通2021年度统计和分析报告》显示，2021年全国城轨交通平均每车千米运营收入13.27元，同比增加0.73元。与之相对的，2021年全国城轨交通平均每车千米运营成本23.6元，同比下降0.42元。但城轨运营仍面临较大的亏损压力。虽然整体收支比有所好转，但成本偏高仍是制约城轨可持续发展的重要因素。设施设备运维大量依赖人工，运营成本高；同时人工检修效率低，又难以满足日益增长的运营需要。

（3）运维模式陈旧。计划检/修导致过度检/修，造成资源的浪费，且周期性检修作业可能无法及时发现问题，导致在检修空档期发生故障，而故障修又会影响城轨正常运营。

另外，各专业独立运维造成的人员和设备浪费现象，也给运维人员带来无尽烦恼。历史遗留下来的信息化系统"烟囱"林立，造成了IT资产管理混乱，业务系统维护困难。

3. 智慧城轨下的智能运维需求

安全、高效、经济是智慧城轨下实现智能运维的主要目标。与传统运维中的"检""修"不同，智能运维从"监""检""修""管"4个维度着手，通过装备升级、技术创新、流程优化，构造智慧城轨下基础设施运维解决方案。[11]

（1）"监"的需求。监测是利用传感器技术、物联网技术、边缘计算技术等，对基础设施状态、地质气候等线路周边自然环境、异物入侵等进行实时感知并上报。

智能运维需要大量历史数据支撑才能实现高精度的状态判定，因此需要对设备进行智能化改造，如通过加装传感器对系统关键部件进行探测。但受限于传感器技术发展水平和状态数据评估的理论基础不足，现有设备普遍缺乏采集关键数据的传感器，改造成本与难度较大；新设备加装传感器，也将导致成本提升。因此，在线监测技术目前还无法大规模推广。

（2）"检"的需求。在智慧城轨框架下，要逐步减少巡检人员数量，降低人工巡检劳动强度，甚至最终达到完全无须人工巡检。需要实现多专业融合的综合巡检，减少巡检对"天窗期"的依赖。

（3）"修"的需求。状态修是智能运维的理想状态，但偶发导致的故障不可避免。及时响应、问题快速定位、专家指导、高效维修、完善的闭环验收，即由周期检修向精准施修模式转变是智能运维中"修"的目标。

（4）"管"的需求。以城轨云为平台，进行线网级的综合智能运维，实现运维管理的信息化、智能化、精益化、可视化。通过对数据的收集、分析、即时推送、分级响应，为运维提供决策支持，并辅助现场作业。

综上，智能运维的关注点应放在系统全生命周期的运营、维修与管理上，通过智能运维手段降低系统全生命周期的运维成本，从而提高业主（投资单位）对智能运维的接受度。

（二）智能运维的难点

1. 系统隔离

由于城轨系统建设期通常较长，各子系统的数据分别存储，业界称之为"烟囱"，这就导致基于大数据的AI技术应用于智能运维十分困难。设备发生故障后，与之相关的故障数据、故障标签可能分别存储于不同子系统中，导致前期数据预处理十分困难。

2. 数据获取成本高

城轨系统建设初期，既有设备普遍缺乏采集关键数据的传感器，改造成本较高、难度较大；新设备加装传感器，也将导致成本提升，业主往往出于成本考虑将其简化。这就导致诊断、预测故障时所需数据的采集在建设期没有或较少布点，运营期想要再增加就需要更高成本，且要考虑增加布点时的系统风险，实施难度呈几何级上升。因此，成本原因导致数据获取不充足，是制约AI技术在运维中应用的一个重要因素。

3. 工业系统很"完美"，但样本不均衡

AI技术应用的另一个必要条件是有足够的正负样本，才能成功训练出高精度的模型。城轨系统由于高安全、高可靠的业务要求，其系统通常很"完美"，极少发生故障，这就导致正负样本不均衡，很难通过深度神经网络进行训练后得到较好的结果。因此，图像识别、NLP等技术难以直接应用，需要结合工业设备的机理知识进行辅助。

4. 闭环场景难构建

智能运维的终极目标是状态修替代传统的计划修与故障

修,达到提质、节本、增效的目的,这就要求算法能够及时发现设备故障,并进行相应的维修操作。然而,上述流程需要完整地融入现有运维流程,会涉及到现有流程的变更与优化,在当前的管理体系下要实现智能运维的目标,仍有困难,需要一定时间的探索。

5. 安全运营导致试错空间小

状态修替代计划修、故障修的最大阻碍是对故障检测、预测算法的精度要求极高,需要同时降低故障的误判与漏判才能实现。在当前的数据样本条件下,实现这一点还存在相当大的技术挑战。一旦由于算法错误将故障判定为正常,导致故障不能及时被排除,有可能造成极严重的后果,地铁运营方目前对于相关风险不具备承受能力,因此宁可花费更多人力物力,也要确保系统的安全稳定。

(三)AI赋能传统运维

1. 信息化

城轨信息化建设早在10年前就受到重视并开始发展,截至目前,各城轨运营公司已基本建成符合自身业务需求的信息化管理系统,实现运维业务中人(人员)、机(机器设备)、料(材料)、法(方法)、环(环境)等要素的信息化管理与流程控制。信息化系统可有效提升业务效率,并为后续的智能运维发展提供坚实的数据基础。然而,信息化建设过程中也存在各专业数据隔离、数据结构设计不合理等问题,导致后续基于数据的智能运维发展受限。

2. 数字化

基于信息化建设中产生的问题，各地铁公司有针对性地进行持续优化信息系统，开始着手数字化建设与转型。

对于数据隔离问题，行业内利用平台打通的方式进行解决，并取得了部分成效。当前城轨各大专业间的数据隔离仍然存在，导致跨专业的数据流转较为困难，在线网规模持续增加的背景下亟须一个统一平台实现数据打通。另外，由于前期信息化建设过程中未充分考虑到大数据分析需求，导致部分数据存在结构不合理、访问困难等问题，也需要统一的大数据平台进行解决。

3. 自动化

基于信息化与数字化，城轨业务目前实现了一定程度的自动化运转，部分流程中的分环节或全环节已实现自动化流转，部分任务可由原来的人工执行改为机器辅助执行或机器完全替代人工执行，一定程度上对运维业务产生了节本增效的效果。但当前的自动化覆盖业务面还较小，导致大部分业务仍需人工参与，仅起到降低运维人员工作强度的效果，并没有达到真正替代人工减少运维业务人员的期望。

4. 移动化

城轨信息化管理系统在建设前期主要注重PC端的建设，着重优化运维业务管理侧的质量与效率，以期用更优的维修策略达到节本增效的目的。随着智能运维探索的不断深入，城轨行业逐渐意识到移动端应用对于提升运维业务执行侧效率同样重要，只有从管理侧与执行侧同步发力才能更快实现智能运维。

(四）智能运维的前沿技术

1. 健康评估

健康评估是对设备健康度的量化评估过程，在智能运维技术中属于对数据需求较低但具有一定业务价值的技术应用。如前文所述，并非所有设备都有足够的数据支撑故障诊断或预测，大多设备是通过监控系统记录其运行过程中的关键点位数据，并利用这些数据建立设备健康评估模型，通过设备完成对特定功能的时间、速度、电流、温度等信息的收集，对设备健康度进行量化评估，对于健康度快速下降的设备，提醒运维人员进行检修，增加设备故障隐患排查的成功率。

2. 故障诊断

故障诊断依靠设备现有监控点位的数据与特定的传感器数据，一般需要较充足的故障数据作为训练样本。对于特定设备的开发故障诊断算法往往需要搭建试验台进行故障试验与数据采集。基于设备机理构建设备故障模型，利用机器学习算法对模型进行训练，最终可达到较高精度的设备故障诊断，并可根据故障诊断算法输出进行故障原因分析，实现故障部件的精确定位。精确的故障诊断可极大提高设备故障维修效率，避免设备误检修等。

3. 故障预测

基于设备故障诊断，当具备了大量的设备运营期故障与正常数据后，可以利用深度神经网络、可靠性分析等方法实现设备故障预测。值得注意的是，并非所有设备故障均可预测，有些设备故障具有人为、偶然等特性，故障预测技术仅能针对有演化趋势的设备故障进行预测。

4. 策略优化

基于设备健康评估、故障诊断与故障预测算法模型输出结果,运维策略优化成为可能。在算法精度不高时,可以拉长检修周期;在算法精度足够高时,可以直接替代计划修与故障修,转为基于设备状态的维修策略。

5. 全生命周期管理

设备在生命周期内的不同阶段具有不同特征,需要对设备建立全生命周期管理。当设备处于劣化期时通过加强检修频次的方式避免设备在运营期发生故障;当设备处于平稳期时,若算法模型未发现故障风险则不检修干预。通过设备全生命周期管理可以实现设备全生命周期的成本最优化。

五、智能重塑城轨绿色发展

(一)城轨能耗

我国城轨事业迅猛发展的同时,能源消耗总量过大的问题也日益突出。据统计,2019年全国城轨交通总能耗152.6亿 kW·h,同比增长15.5%[12];2020年全国城轨交通总能耗172.4亿 kW·h,同比增长12.9%[13]。2021年全国城轨交通总能耗213.1亿 kW·h,同比增长23.6%[14]。

在2020年的城轨交通总电能耗中,牵引能耗为84亿 kW·h,占48.7%;车站能耗为88.4亿 kW·h,占51.3%。据历史总体统计数据，牵引能耗占城轨交通全部能耗约50%，环控能耗占城轨交通全部能耗30%~40%，这两项是城轨交通领域中能耗最高的部分。

2020年9月，我国首次在联合国大会上提出"双碳"目标，"二氧化碳排放力争于2030年前达到峰值，努力争取2060年前实现碳中和"。这一表态不仅在国际社会掀起热浪，国内各行各业关于"双碳"的探索也随之升温。中国工程院院士施仲衡等专家指出，城轨交通总能耗在2018—2020年呈现增长态势，为了实现"碳达峰、碳中和"的目标，城轨交通应全面践行绿色低碳发展理念，加快自身的绿色低碳转型，挖掘节能减排潜力，提高能效水平[15]。

（二）"双碳"目标与绿色城轨

从"碳达峰"到"碳中和"，发达国家大多需要60年，而留给我国的仅有一半的时间和超过一倍的峰值。此外，我国将面临经济建设和碳减排的双重挑战，实现"双碳"目标就不只是应对气候变化，更是我国推动高质量发展的必然要求。

为确保"双碳"目标的实现，国家层面已建立了"1+N"政策体系，构成双碳顶层设计。其中，党中央、国务院印发的意见作为"1"，在双碳政策体系中发挥统领作用。"N"则包括了能源、工业、交通运输等领域的实施方案，以及科技支撑等保障方案。

为了降低城轨的碳排放和能耗，中国城市轨道交通协会于2022年8月发布了《中国城市轨道交通绿色城轨发展行动方案》，明确提出了一系列的碳排放和能耗目标（表5-1），提出了行业总电耗、综合能耗、牵引能耗等能源指标的考核目标和考核周期。[16]

表5-1 绿色城轨发展量化指标

分类		编号	具体指标	2025年	2030年	指标属性
总量	能耗	1	行业总电耗	360亿kw·h左右	490亿kw·h左右	预期性
强度控制类	能耗强度	2	综合能耗强度下降比例	10%以上	15%以上	约束性
		3	牵引能耗强度下降比例	10%以上	15%以上	引导性
	碳排放强度	4	供应链主要产品二氧化碳排放量下降率	20%以上	30%以上	引导性
	出行占比提升	5	城轨在城市机动化出行中的占比	提升5%以上	提升10%以上	引导性
		6	城轨在公共交通中的出行占比	提升15%以上	超大城市50%以上	引导性
		7	轨道站点800 m半径覆盖通勤比例	超大城市≥30%、特大城市≥20%，大城市≥10%	/	引导性
	绿色建筑创建	8	新建建筑中绿色建筑面积占比	70%以上	100%	引导性
		9	新增建筑星级绿色建筑占比	15%	40%	引导性
	绿色能源利用	10	新增具备可开发条件的屋顶和场地的光伏发电覆盖率	100%	100%	引导性
		11	既有的具备可开发条件的屋顶和场地的光伏发电覆盖率	35%以上	90%以上	引导性
		12	新建车辆基地的地源、气源、水源热泵应用率	40%	60%	引导性
		13	外购绿色电力的比重相比2025年的提升率	/	25%	引导性
	绿色制造	14	装备制造碳排放总量下降率	20%以上	35%以上	引导性
		15	供应链主要企业获得绿色工厂星级标定的比例	50%以上	100%	引导性

（三）AI技术助力绿色城轨建设

"双碳"目标不仅仅是节能减排，更是一场广泛而深刻的经济社会系统性变革。在这个过程中，AI技术将与城轨行业的碳减排具体应用相结合，成为技术碳减排的核心。AI作为构建绿色城轨智慧能力的重要元素，包含了各种不同用途的模型。

1. 能源预测模型

基于牵引、照明、空调等专业的电耗预测及其影响因素，构建综合能源预测模型，具体内容包括：

仿真模型：客流仿真模型（包括线路/线网客流模型和站内客流走行模型）、列车牵引能耗模型（包括单车牵引能耗模型、多车间再生制动能量吸收模型、牵引供电模型等）、车站能耗模型（包括建筑传热模型、空调模型、电扶梯能耗模型等）。

仿真引擎：高效通用的计算引擎开发，仿真进程管理器的开发，模型交互接口定义，状态观测器（用于启动在线仿真推演）开发等。

模型自动校准与更新：利用能管平台（或综合监控系统）在地铁运营期间收集的实际运行数据，以及非运营期间关键设备的少量测试运行数据，对仿真模型进行自动校准和模型参数动态更新。

代理模型开发：利用机器学习、数据挖掘技术，以及积累的实际运行数据、仿真数据等，将部分仿真模型转化为计算更为高效、更易于数学处理（如可导、连续）的抽象代理模型。一方面可提高仿真结果反馈的实时性；另一方面为后续基于模型的决策优化算法的应用提供便利。

2. 碳流仿真模型与碳排放计算模型

针对能源网络中对碳排放流向的跟踪仿真模型能对能源系统全环节的碳排放量和碳排放强度进行计量和推演，节能追踪计算负荷节点碳排放情况，为城轨碳排放计算与评估，能源改革、双碳达标提供量化基础。

采用LCA（life cycle assessment，生命周期评价）方法（即从原材料开采到最终处置全过程潜在综合环境影响的定量化分析方法）构建城轨生命周期碳排放评价方法，对城轨二氧化碳排放当量进行定量化分析。

3. 节能减排技术的经济技术分析模型

节能减排技术模型主要是对已有的节能减排技术进行经济技术性分析。对已有的节能减排技术的多种信息进行采集记录，形成专家规则知识库，对潜在技术的节能减排效果、初投资、运行成本等进行分析，并进行节能技术措施的智能推荐。

4. 绿色低碳评价模型

根据各种"双碳"和绿色城轨相关评价标准体系，建立满足"双碳"平台和绿色城轨发展要求的绿色低碳评价模型，从而对城轨能源和碳排放现状进行有效评价和考核。

绿色低碳评价模型主要从评价范围、评价维度、评价内容和评价考核这几方面进行考虑建模，通过导入评价标准，生成不同尺度、不同范围的能源"双碳"评价指标，便于运营人员进行能源和"双碳"现状的量化管理和决策。

从智慧乘客服务、智慧安全保障，到智能运营组织、智慧运维，再到智能重塑城轨绿色发展，AI赋予城轨全场景应用还只是刚刚开始，未来还有巨大的想象空间，将呈现出由浅入深，从简单到复杂的演变过程。它带给行业的变革一定是颠覆性的，价值是不可估量的。正如微软首席执行官萨提亚·纳德拉（Satya Nadella）所言："我们坚信人工智能的浪潮势不可挡，企业一旦抓住这次浪潮便能创造大量的价值。"

当 AI 的趋势如同浪潮一般涌来，我们当下所能做的，就是积极拥抱新技术、拥抱新变革，加速城轨交通与新技术的深度融合，推动行业数字化转型升级，赋能城轨交通智慧化和绿色化发展，为行业的高质量和可持续发展开辟新的通道。

参考文献

[1] 丁建隆. 新时代城市轨道交通创新与发展（广州2019）[M]. 北京：人民交通出版社，2019.

[2] 佚名. 中国城市轨道交通协会印发《中国城市轨道交通智慧城轨发展纲要》[J]. 现代城市轨道交通，2020（03）：105.

[3] 何华强，贾建平，陈朝晖，等. 智慧地铁大脑：华佳Mos[J]. 城市轨道交通，2020（07）：51-56.

[4] 肖雄. 针对地铁云平台数据中心故障的生产系统可靠性运行方案[J]. 信息与电脑（理论版），2019（012）：75-77.

[5] 肖雄，钟林忆. 云计算模式下地铁业务系统性能需求及其控制措施[J]. 大科技，2019（015）：189-190.

[6] 肖雄，陈朝晖，何华强. 智慧地铁车站移动站务管理系统的设计与研究[J]. 通讯世界，2020，27（01）：46-47.

[7] 贾建平，俞军燕，李文轩，等. 地铁站台门智能感知与评价系统的应用[J]. 通讯世界，2020，27（06）：13-14，16.

[8] 肖雄，贾建平，何华强. 基于华佳Mos的智慧城轨建设框架[J]. 轨道交通，2020（02）：31-33.

[9] 肖雄，陈朝晖，贾建平. 基于低功耗蓝牙室内定位技术在智慧地铁车站中的应用[J]. 低碳世界，2019，9（12）：239-240.

[10] 肖雄，贾建平，何华强. 浅谈智慧地铁车站的综合安防智能化应用[J]. 通讯世界，2020，27（02）：9-10.

[11] 王君，袁超，智慧城轨下基础设施运维现状及展望[J]. 科技创新导报，2021，18（19）：94-96.

[12] 中国城市轨道交通协会. 城市轨道交通2019年度统计和分析报告[R]. 北京：中国城市轨道交通协会，2020.

[13] 中国城市轨道交通协会. 城市轨道交通2020年度统计和分析报告[R]. 北京：中国城市轨道交通协会，2021.

[14] 中国城市轨道交通协会. 城市轨道交通2021年度统计和分析报告[R]. 北京：中国城市轨道交通协会，2022.

[15] 施仲衡，丁树奎. 城市轨道交通绿色低碳发展策略[J]. 都市快轨交通，2022，35（01）：1-4，11.

[16] 中国城市轨道交通协会. 中国城市轨道交通绿色城轨发展行动方案[J]. 城市轨道交通，2022（08）：20-35.